Az alacsony nátriumtartalmú konyha

Egészséges ételek minden napra

Katalin Horváth

Tartalom

Mogyoróvaj Zab 12
Dió és gyümölcspogácsa 13
Banános sütik 14
Almás zab 15
áfonyás muffin 16
kókuszos palacsinta 17
áfonyás palacsinta 18
Sütőtök parfé 20
Édesburgonyás gofri 21
francia pirítós 22
Kakaó Zab 23
mangó zabpehely 24
Cseresznye és körte zabpehely 25
Diós és narancsos tálak 26
Sült őszibarack és tejszín 27
Alma és joghurtos tálak 28
Mangó és gránátalma zabpehely 29
Chia mag és gránátalma tálak 30
Tojás és sárgarépa hasis 31
Paprika Omlett 32
Petrezselymes Frittata 33
Sült tojás és articsóka 34
Bab és tojás rakott 35
Kurkuma sajtos rántotta 36

Hash Browns és zöldségek ... 37
Metélőhagymás Bacon Risotto ... 39
Fahéjas pisztácia quinoa ... 40
Cseresznye joghurt keverék ... 41
Szilva és kókusz keverék ... 42
almás joghurt ... 43
Eper- és zabtálak ... 44
Juharbarack keverék ... 45
Fahéjas rizs és datolya ... 46
Füge, körte és gránátalma joghurt ... 47
Szerecsendió eper kása ... 48
Krémes rizs és eper ... 49
Vaníliás kókusz rizs ... 50
Kókuszos rizs és cseresznye ... 51
Gyömbéres rizs keverék ... 52
Borsos kolbász rakott ... 53
Gombás rizstálak ... 55
Tojás paradicsommal és spenóttal ... 56
szezámmagos omlett ... 57
Sütőtök zabpehely ... 58
Mandulás és kókuszos tál ... 59
Meleg csicseriborsó saláta ... 60
Kakaós köles puding ... 61
chia puding ... 62
tápióka puding ... 63
cheddar keverék ... 64
Hóborsó saláta ... 65

Quinoa és csicseriborsó keverék 66
Oliva és bors saláta 67
Zöldbab és tojás keveréke 68
Sárgarépa és tojás saláta 69
Krémes gyümölcsök 70
Almás és mazsolás tálak 71
Hajdina zabkása gyömbérrel 72
Karfiol és paprika saláta 73
Csirke és Hash Browns 74
Dash diétás ebédreceptek 75
Black Bean Burritók 76
Csirke és mangó keverék 78
csicseriborsó torta 79
Salsa és karfiol tálak 81
Lazac és spenót saláta 82
Csirke és kelkáposzta keveréke 83
Lazac és rukkola saláta 84
Garnélarák és zöldség saláta 85
Pulyka és paprika csomagolás 86
Zöldbableves 87
Avokádó, spenót és olíva saláta 88
Marhahús és cukkinis serpenyő 89
Kakukkfű marhahús és burgonya keverék 90
Sertés és sárgarépa leves 91
Garnélarák és eper saláta 92
Garnélarák és zöldbab saláta 93
hal taco 94

Sütőtök torta ... 95

Csicseriborsó és paradicsomos rakott ... 97

Csirke, paradicsom és spenót saláta ... 98

Spárga és paprika tálak ... 99

Forró marhapörkölt ... 101

Gombás sertésszelet ... 102

Koriander garnéla saláta ... 103

padlizsán pörkölt ... 104

Marha és borsó keverék ... 105

pulykapörkölt ... 107

Marha saláta ... 108

sütőtök ragu ... 110

Káposzta és marhahús keverék ... 111

Sertés és zöldbab rakott ... 112

Sütőtök krémleves ... 113

Garnélarák és szőlő saláta ... 114

Kurkuma sárgarépa krém ... 115

Marha- és feketebableves ... 116

Lazac és garnélarák tálak ... 118

Csirke és fokhagyma szósz ... 119

Kurkuma csirke és padlizsán rakott ... 120

Csirke és endívia keverék ... 121

pulyka leves ... 122

Türkiye és köményes brokkoli ... 123

szegfűszeg csirke ... 125

Gyömbéres articsóka csirke ... 126

Pulyka és bors keverék ... 127

Csirkecomb és rozmaring zöldségek 128

Csirke sárgarépával és káposztával 130

Padlizsános és pulykás szendvics 131

Egyszerű pulyka és cukkinis kenyér 133

Csirke padlizsánnal és paprikával 134

Balzsames sült pulyka 135

Cheddar Turkey Mix 136

parmezán Türkiye 137

Krémes csirke és garnélarák keverék 138

Bazsalikom pulyka és forró spárga keverék 139

Kesudió pulyka vegyes 140

Türkiye és Eper 141

Öt fűszeres csirkemell 142

Türkiye fűszeres zöldekkel 143

Csirke és paprika gomba 144

Paprika csirke és paradicsomos articsóka 145

Csirke és répa keveréke 147

Türkiye zellersalátával 148

Csirkecomb és szőlő keverék 149

Pulyka és citromárpa 150

Répa és retek vegyes pulyka 151

Fokhagymás sertéshús keverék 152

Paprika sertés sárgarépával 153

Gyömbér sertés és hagyma 154

köményes sertéshús 156

Sertés és zöldek keveréke 157

Kakukkfű sertés serpenyőben 158

Majoránna sertéshús és cukkini 159

fűszeres sertéshús 160

Kókuszos sertéshús és zeller 161

Sertéshús és paradicsom keverék 162

Zsályás sertésszelet 163

Thai sertéshús és padlizsán 164

Sertéshús és zöldhagyma citrommal 165

balzsamos sertéshús 166

szalonna 167

Sertés és petrezselyem bors 168

Köményes báránykeverék 169

Sertés retekkel és zöldbabbal 170

Édeskömény bárány és gomba 172

Sertés és spenótos serpenyő 173

Avokádó sertéshús 175

Sertéshús és alma keveréke 176

Fahéjas sertésszelet 178

Kókuszos sertésszelet 179

Őszibarackkal kevert sertéshús 180

Kakaós bárány és retek 181

Citromos sertéshús és articsóka 182

Sertés koriander szósszal 184

Mangós kevert sertéshús 185

Rozmaring sertés és citrom édesburgonya 186

Sertés csicseriborsóval 187

Káposzta bárányszelet 188

fűszeres bárány 189

Sertés paprikás póréhagymával 190

Sertésszelet és hóborsó 191

Sertéshús és menta kukorica 192

kapros bárány 193

Szegfűbors sertésszelet és olajbogyó 194

Olasz bárányszelet 195

Sertés- és kakukkfüves pilaf 196

Sertés húsgombóc 197

sertéshús és cikória 198

Sertéshús és metélőhagyma retek 199

Mentás húsgombóc és spenót párolt 200

Fasírt és kókuszszósz 202

Kurkuma sertéshús és lencse 204

Báránykeverés 205

Cékla sertéshús 206

Bárány és káposzta 207

Bárány kukoricával és okrával 208

Mustáros tárkonyos sertéshús 209

Sertés káposztával és kapribogyóval 210

Sertés kelbimbóval 211

Sertéshús és forró zöldbab keverék 212

Bárány quinoával 213

Rántott bárány és Bok Choy 214

Sertés okrával és olajbogyóval 215

Sertés és kapribogyó 216

Sertés- és zöldhagyma keverék 217

Szerecsendió sertéshús és fekete bab 218

Lazac és őszibarack saláta 220

Mogyoróvaj Zab

Felkészülési idő: 6 óra 10 perc

Főzési idő: 0 perc
Adagok: 1

Tartalom:
- 1 evőkanál chia mag
- ½ csésze mandulatej
- 2 evőkanál természetes mogyoróvaj
- 1 evőkanál stevia
- ½ csésze gluténmentes zab
- 2 evőkanál málna

Utasítás:
1. Egy üvegben keverjük össze a zabot a többi hozzávalóval, kivéve a chia magot és a málnát, kicsit keverjük össze, fedjük le és tegyük hűtőbe 6 órára.
2. Díszítsük málnával és tálaljuk reggelire.

Táplálás: kalória 454, zsír 23,9, rost 12, szénhidrát 50,9, fehérje 14,6

Dió és gyümölcspogácsa

Elkészítési idő: 10 perc
Főzési idő: 12 perc
Adagok: 8

Tartalom:
- 2 csésze mandulaliszt
- ½ teáskanál sütőpor
- ¼ csésze áfonya, szárítva
- ¼ csésze napraforgómag
- ¼ csésze sárgabarack, apróra vágva
- ¼ csésze dió, apróra vágva
- ¼ csésze szezámmag
- 2 evőkanál stevia
- 1 tojás, felvert

Utasítás:
1. Egy tálban összedolgozzuk a lisztet a sütőporral, az áfonyával és a többi hozzávalóval, majd jól összedolgozzuk.
2. Négyzet alakú tésztát formázunk, lisztezett munkalapra nyújtjuk, és 16 négyzetre vágjuk.
3. Helyezze a négyzeteket egy sütőpapírral bélelt tepsire, és süsse meg a muffinokat 350 F fokon 12 percig.
4. Tálaljuk a fánkot reggelire.

Táplálás: kalória 238, zsír 19,2, rost 4,1, szénhidrát 8,6, fehérje 8,8

Banános sütik

Elkészítési idő: 10 perc
Főzési idő: 15 perc
Adagok: 12

Tartalom:

- 1 csésze mandulaolaj
- ¼ csésze stevia
- 1 teáskanál vanília kivonat
- 2 banán, meghámozva és pépesítve
- 2 csésze gluténmentes zab
- 1 teáskanál fahéjpor
- 1 csésze mandula, apróra vágva
- ½ csésze mazsola

Utasítás:
1. Egy tálban keverjük össze a vajat a steviával és a többi hozzávalóval, és keverjük jól össze kézi mixerrel.
2. Zsírpapírral bélelt tepsire szedjük a közepes méretű formákat ebből a masszából, és kissé elsimítjuk.
3. Süssük 325 F-on 15 percig, és tálaljuk reggelire.

Táplálás: kalória 280, zsír 16, rost 4, szénhidrát 29, fehérje 8

Almás zab

Elkészítési idő: 10 perc
Főzési idő: 7 óra
Adagok: 4

Tartalom:
- 2 alma kimagozva, meghámozva és felkockázva
- 1 csésze gluténmentes zab
- 1 és ½ csésze vizet
- 1 és ½ csésze mandulatej
- 2 evőkanál paradicsompüré
- 2 evőkanál mandulaolaj
- ½ teáskanál fahéjpor
- 1 evőkanál lenmag, őrölve
- főző spray

Utasítás:
1. Kenje ki a lassú tűzhelyet főzőpermettel, és keverje össze a zabot a vízzel és a többi hozzávalóval.
2. Öntsünk bele néhányat, és főzzük alacsony fokozaton 7 órán keresztül.
3. Tálkákba osztjuk és reggelire tálaljuk.

Táplálás: kalória 149, zsír 3,6, rost 3,9, szénhidrát 27,3, fehérje 4,9

áfonyás muffin

Elkészítési idő: 10 perc
Főzési idő: 25 perc
Adagok: 12

Tartalom:

- 2 banán, meghámozva és pépesítve
- 1 csésze mandulatej
- 1 teáskanál vanília kivonat
- ¼ csésze tiszta juharszirup
- 1 teáskanál almaecet
- ¼ csésze kókuszolaj, olvasztott
- 2 csésze mandulaliszt
- 4 evőkanál kókuszcukor
- 2 teáskanál fahéjpor
- 2 teáskanál sütőpor
- 2 csésze áfonya
- ½ teáskanál sütőpor
- ½ csésze dió, apróra vágva

Utasítás:
1. Egy tálban összedolgozzuk a banánt a mandulatejjel, a vaníliával és a többi hozzávalóval, és jól kikeverjük.
2. Osszuk el a keveréket 12 muffinformába, és süssük 350 F-on 25 percig.
3. Reggelire tálaljuk a muffinokat.

Táplálás: kalória 180, zsír 5, rost 2, szénhidrát 31, fehérje 4

kókuszos palacsinta

Elkészítési idő: 10 perc
Főzési idő: 6 perc
Adagok: 12

Tartalom:

- 1 csésze mandulaliszt
- 1 evőkanál lenmag, őrölve
- 2 csésze kókusztej
- 2 evőkanál kókuszolaj, olvasztott
- 1 teáskanál fahéjpor
- 2 teáskanál stevia

Utasítás:

1. Egy tálban összedolgozzuk a lisztet a lenmaggal, a tejjel, az olaj felével, a fahéjjal és a steviával, majd jól habosra keverjük.
2. Melegíts fel egy serpenyőt a maradék olajjal közepes lángon, adj hozzá ¼ csésze palacsintatésztát, kend rá a serpenyőre, süsd 2-3 percig mindkét oldalát, majd tedd egy tányérra.
3. Ismételje meg a többi palacsintatésztával, és tálalja reggelire.

Táplálás: kalória 71, zsír 3, rost 1, szénhidrát 8, fehérje 1

áfonyás palacsinta

Elkészítési idő: 10 perc
Főzési idő: 7 perc
Adagok: 12

Tartalom:
- 2 tojás, rántotta
- 4 evőkanál mandulatej
- 1 csésze teljes zsírtartalmú joghurt
- 3 evőkanál kókuszolaj, olvasztott
- ½ teáskanál vanília kivonat
- 1 és ½ csésze mandulaliszt
- 2 evőkanál stevia
- 1 csésze áfonya
- 1 evőkanál avokádó olaj

Utasítás:
1. Egy tálban összedolgozzuk a tojásokat a mandulatejjel és az olaj kivételével a többi hozzávalóval, és jól kikeverjük.
2. Melegítsünk fel egy serpenyőt közepes lángon, adjunk hozzá ¼ csésze tésztát, kenjük rá a serpenyőre, főzzük 4 percig, fordítsuk meg, főzzük további 3 percig, és tegyük át egy tányérra.
3. Ismételje meg a többi tésztával, és tálalja reggelire a palacsintát.

Táplálás: kalória 64, zsír 4,4, rost 1,1, szénhidrát 4,7, fehérje 1,8

Sütőtök parfé

Elkészítési idő: 10 perc
Főzési idő: 0 perc
Adagok: 4

Tartalom:

- ¼ csésze kesudió
- ½ csésze vizet
- 2 teáskanál sütőtök pite fűszer
- 2 csésze sütőtök püré
- 2 evőkanál juharszirup
- 1 körte kimagozva, meghámozva és apróra vágva
- 2 csésze kókusz joghurt

Utasítás:

1. Keverjük össze a kesudiót a többi hozzávalóval, kivéve a vizet és a joghurtot egy turmixgépben, és jól keverjük össze.
2. A joghurtot tálkákba osztjuk, ráosztjuk a sütőtökös krémet és tálaljuk.

Táplálás: kalória 200, zsír 6,4, rost 5,1, szénhidrát 32,9, fehérje 5,5

Édesburgonyás gofri

Elkészítési idő: 10 perc
Főzési idő: 10 perc
Adagok: 6

Tartalom:

- ½ csésze édesburgonya, megfőzve, meghámozva és lereszelve
- 1 csésze mandulatej
- 1 csésze gluténmentes zab
- 2 tojás, rántotta
- 1 evőkanál méz
- ¼ teáskanál sütőpor
- 1 evőkanál olívaolaj
- főző spray

Utasítás:

1. Egy tálban keverje össze az édesburgonyát a mandulatejjel és a főzőpermet kivételével egyéb hozzávalókkal, és jól keverje fel.
2. Kenjük ki a gofrisütőt főzőspray-vel, és öntsük a tészta 1/3-át mindegyik formába.
3. Süssük a gofrit 3-4 percig, és tálaljuk reggelire.

Táplálás: kalória 352, zsír 22,4, rost 6,7, szénhidrát 33,4, fehérje 8,4

francia pirítós

Elkészítési idő: 10 perc
Főzési idő: 5 perc
Adagok: 2

Tartalom:

- 4 szelet teljes kiőrlésű kenyér
- 2 evőkanál kókuszcukor
- ½ csésze kókusztej
- 2 tojás, rántotta
- 1 teáskanál vanília kivonat
- főző spray

Utasítás:

1. Egy tálban keverjük össze a cukrot a tejjel, a tojással és a vaníliával, és jól keverjük habosra.
2. Minden szelet kenyeret mártson ebbe a keverékbe.
3. Egy főzőspray-vel kikent serpenyőt felforrósítunk közepes lángon, rátesszük a francia pirítóst, mindkét oldalát 2-3 percig sütjük, tányérokra osztjuk és reggelire tálaljuk.

Táplálás: kalória 508, zsír 30,8, rost 7,1, szénhidrát 55,1, fehérje 16,2

Kakaó Zab

Elkészítési idő: 10 perc
Főzési idő: 20 perc
Adagok: 4

Tartalom:
- 2 csésze mandulatej
- 1 csésze régimódi zab
- 2 evőkanál kókuszcukor
- 1 teáskanál kakaópor
- 2 teáskanál vanília kivonat

Utasítás:
1. Melegítsük fel a tejet egy serpenyőben közepes lángon, adjuk hozzá a zabot és a többi hozzávalót, forraljuk fel és főzzük 20 percig.
2. A zabot tálkákba osztjuk, és forrón tálaljuk reggelire.

Táplálás: kalória 406, zsír 30, rost 4,8, szénhidrát 30,2, fehérje 6

mangó zabpehely

Elkészítési idő: 10 perc
Főzési idő: 20 perc
Adagok: 4

Tartalom:
- 2 csésze kókusztej
- 1 csésze régimódi zab
- 1 csésze mangó, meghámozva és felkockázva
- 3 evőkanál mandulaolaj
- 2 evőkanál kókuszcukor
- ½ teáskanál vanília kivonat

Utasítás:
1. A tejet egy serpenyőbe tesszük, közepes lángon felhevítjük, hozzáadjuk a zabot és a többi hozzávalót, összekeverjük, felforraljuk és 20 percig főzzük.
2. Belekeverjük a zabpelyhet, tálakba osztjuk és tálaljuk.

Táplálás: kalória 531, zsír 41,8, rost 7,5, szénhidrát 42,7, fehérje 9,3

Cseresznye és körte zabpehely

Elkészítési idő: 10 perc
Főzési idő: 10 perc
Adagok: 6

Tartalom:
- 2 csésze régimódi zab
- 3 csésze mandulatej
- 2 és ½ evőkanál kakaópor
- 1 teáskanál vanília kivonat
- 10 uncia cseresznye, kimagozva
- 2 körte kimagozva, meghámozva és felkockázva

Utasítás:
1. A kuktában keverje össze a zabot tejjel és más hozzávalókkal, dobja fel, fedje le, és főzze magas hőmérsékleten 10 percig.
2. 10 percig természetesen engedje fel a nyomást, keverje meg még egyszer a zabpelyhet, osztja tálakba és tálalja.

Táplálás: kalória 477, zsír 30,7, rost 8,3, szénhidrát 49,6, fehérje 7

Diós és narancsos tálak

Elkészítési idő: 10 perc
Főzési idő: 20 perc
Adagok: 4

Tartalom:
- 1 csésze acélra vágott zab
- 2 pohár narancslé
- 2 evőkanál kókuszolaj, olvasztott
- 2 evőkanál stevia
- 3 evőkanál dió, apróra vágva
- ¼ teáskanál vanília kivonat

Utasítás:
1. Melegíts fel egy serpenyőt narancslével közepes lángon, add hozzá a zabot, a vajat és a többi hozzávalót, keverd habosra, főzd 20 percig, oszd el tálakba és tálald reggelire.

Táplálás: kalória 288, zsír 39,1, rost 3,4, szénhidrát 48,3, fehérje 4,7

Sült őszibarack és tejszín

Elkészítési idő: 10 perc
Főzési idő: 20 perc
Adagok: 4

Tartalom:
- 2 csésze kókuszkrém
- 1 teáskanál fahéjpor
- 1/3 csésze pálmacukor
- 4 őszibarack kimagozva és kockákra vágva
- főző spray

Utasítás:
1. Egy tepsit kikenünk főzőspray-vel, és az őszibarackot összedolgozzuk benne a többi hozzávalóval.
2. Süssük ezt 360 F-on 20 percig, osszuk tálakba és tálaljuk reggelire.

Táplálás: kalória 338, zsír 29,2, rost 4,9, szénhidrát 21, fehérje 4,2

Alma és joghurtos tálak

Elkészítési idő: 10 perc
Főzési idő: 15 perc
Adagok: 4

Tartalom:
- 1 csésze acélra vágott zab
- 1 és ½ csésze mandulatej
- 1 csésze zsírmentes joghurt
- ¼ csésze juharszirup
- 2 alma kimagozva, meghámozva és apróra vágva
- ½ teáskanál fahéjpor

Utasítás:
1. Keverje össze a zabot és a joghurt kivételével az összes hozzávalót egy serpenyőben, keverje össze, forralja fel, és főzze közepesen magas lángon 15 percig.
2. A joghurtot tálakba osztjuk, az almás és zab keveréket a tetejére osztjuk, és reggelire tálaljuk.

Táplálás: kalória 490, zsír 30,2, rost 7,4, szénhidrát 53,9, fehérje 7

Mangó és gránátalma zabpehely

Elkészítési idő: 10 perc
Főzési idő: 20 perc
Adagok: 4

Tartalom:
- 3 csésze mandulatej
- 1 csésze acélra vágott zab
- 1 evőkanál fahéjpor
- 1 mangó meghámozva és felkockázva
- ½ teáskanál vanília kivonat
- 3 evőkanál gránátalma mag

Utasítás:
1. Tegye a tejet egy serpenyőbe, és melegítse közepes lángon.
2. Hozzáadjuk a zabot, a fahéjat és a többi hozzávalót, összekeverjük, 20 percig főzzük, tálakba osztjuk és reggelire tálaljuk.

Táplálás: kalória 568, zsír 44,6, rost 7,5, szénhidrát 42,5, fehérje 7,8

Chia mag és gránátalma tálak

Elkészítési idő: 10 perc
Főzési idő: 20 perc
Adagok: 4

Tartalom:
- ½ csésze acélra vágott zab
- 2 csésze mandulatej
- ¼ csésze gránátalma mag
- 4 evőkanál chia mag
- 1 teáskanál vanília kivonat

Utasítás:
1. A tejet egy lábasba tesszük, közepes lángon felforraljuk, hozzáadjuk a zabot és a többi hozzávalót, felforraljuk és 20 percig főzzük.
2. A keveréket tálakba osztjuk és reggelire tálaljuk.

Táplálás: kalória 462, zsír 38, rost 13,5, szénhidrát 27,1, fehérje 8,8

Tojás és sárgarépa hasis

Elkészítési idő: 10 perc
Főzési idő: 20 perc
Adagok: 4

Tartalom:
- 2 sárgarépa, meghámozva és felkockázva
- 1 evőkanál olívaolaj
- 1 db sárgahagyma apróra vágva
- 1 csésze alacsony zsírtartalmú cheddar sajt, reszelve
- 8 tojás, rántotta
- 1 csésze kókusztej
- Egy csipet só és bors

Utasítás:
1. Melegíts fel egy serpenyőt olajjal közepes lángon, add hozzá a hagymát és a sárgarépát, dobd fel és pirítsd 5 percig.
2. Hozzáadjuk a tojást és a többi hozzávalót, összekeverjük, 15 percig főzzük gyakori kevergetés mellett, tányérokra osztjuk és tálaljuk.

Táplálás: kalória 431, zsír 35,9, rost 2,7, szénhidrát 10, fehérje 20

Paprika Omlett

Elkészítési idő: 10 perc
Főzési idő: 15 perc
Adagok: 4

Tartalom:
- 4 tojás, rántotta
- Egy csipet fekete bors
- ¼ csésze alacsony nátriumtartalmú szalonna, apróra vágva
- 1 evőkanál olívaolaj
- 1 csésze piros kaliforniai paprika, apróra vágva
- 4 újhagyma apróra vágva
- ½ csésze zsírszegény sajt, reszelve

Utasítás:
1. Melegíts fel egy serpenyőt olajjal közepes lángon, add hozzá a mogyoróhagymát és a kaliforniai paprikát, dobd fel és főzd 5 percig.
2. Adjuk hozzá a tojást és a többi hozzávalót, keverjük össze, kenjük szét a serpenyőben, főzzük 5 percig, forgassuk meg, főzzük még 5 percig, tányérokra osztjuk és tálaljuk.

Táplálás: kalória 288, zsír 18, rost 0,8, szénhidrát 4, fehérje 13,4

Petrezselymes Frittata

Elkészítési idő: 10 perc
Főzési idő: 20 perc
Adagok: 4

Tartalom:

- Egy csipet fekete bors
- 4 tojás, rántotta
- 2 evőkanál petrezselyem, apróra vágva
- 1 evőkanál zsírszegény sajt, reszelve
- 1 vöröshagyma, apróra vágva
- 1 evőkanál olívaolaj

Utasítás:

1. Melegíts fel egy serpenyőt közepes lángon, add hozzá a hagymát és a borsot, keverd össze és pirítsd 5 percig.
2. Adjuk hozzá a többi hozzávalóval felvert tojást, kenjük szét a serpenyőben, tegyük vissza a sütőbe, és süssük 360 F-on 15 percig.
3. A frittatát tányérokra osztjuk és tálaljuk.

Táplálás: kalória 112, zsír 8,5, rost 0,7, szénhidrát 3,1, fehérje 6,3

Sült tojás és articsóka

Elkészítési idő: 5 perc
Főzési idő: 20 perc
Adagok: 4

Tartalom:
- 4 tojás
- 4 szelet zsírszegény cheddar, lereszelve
- 1 db sárgahagyma apróra vágva
- 1 evőkanál avokádó olaj
- 1 evőkanál koriander, apróra vágva
- 1 csésze konzerv sótlan articsóka, lecsepegtetve és apróra vágva

Utasítás:
1. 4 tepsit kikenünk olajjal, a hagymát félbevágjuk, mindegyik tálcán felütjük egy-egy tojást, hozzáadjuk az articsókát és megszórjuk a korianderrel és a cheddar sajttal.
2. Tedd a ramekineket a sütőbe, és süsd 380 F-on 20 percig.
3. Tálaljuk reggelire rántottát.

Táplálás: kalória 178, zsír 10,9, rost 2,9, szénhidrát 8,4, fehérje 14,2

Bab és tojás rakott

Elkészítési idő: 10 perc
Főzési idő: 30 perc
Adagok: 8

Tartalom:
- 8 tojás, rántotta
- 2 vöröshagyma, apróra vágva
- 1 piros kaliforniai paprika, apróra vágva
- 4 uncia konzerv feketebab, só nélkül, leszűrjük és leöblítjük
- ½ csésze zöldhagyma, apróra vágva
- 1 csésze zsírszegény mozzarella sajt, reszelve
- főző spray

Utasítás:
1. Egy tepsit kikenünk főzőspray-vel, és a serpenyőbe terítjük a feketebabot, a hagymát, a mogyoróhagymát és a kaliforniai paprikát.
2. Hozzáadjuk a sajttal felvert tojásokat, betoljuk a sütőbe, és 380 fokon 30 percig sütjük.
3. A keveréket tányérokra osztjuk, és reggelire tálaljuk.

Táplálás: kalória 140, zsír 4,7, rost 3,4, szénhidrát 13,6, fehérje 11,2

Kurkuma sajtos rántotta

Elkészítési idő: 10 perc
Főzési idő: 15 perc
Adagok: 4

Tartalom:
- 3 evőkanál zsírszegény mozzarella, lereszelve
- Egy csipet fekete bors
- 4 tojás, rántotta
- 1 piros kaliforniai paprika, apróra vágva
- 1 teáskanál kurkuma por
- 1 evőkanál olívaolaj
- 2 medvehagyma, apróra vágva

Utasítás:
1. Egy serpenyőt olajjal felhevítünk közepes lángon, hozzáadjuk a medvehagymát és a kaliforniai paprikát, összekeverjük és 5 percig pirítjuk.
2. Hozzáadjuk a többi hozzávalóval elkevert tojást, összekeverjük, 10 percig főzzük, mindent tányérokra osztunk és tálaljuk.

Táplálás: kalória 138, zsír 8, rost 1,3, szénhidrát 4,6, fehérje 12

Hash Browns és zöldségek

Elkészítési idő: 10 perc
Főzési idő: 20 perc
Adagok: 4

Tartalom:
- 1 evőkanál olívaolaj
- 4 tojás, rántotta
- 1 csésze hash barna
- ½ csésze zsírmentes cheddar sajt, reszelve
- 1 kis sárga hagyma apróra vágva
- Egy csipet fekete bors
- ½ zöld kaliforniai paprika, apróra vágva
- ½ piros kaliforniai paprika, apróra vágva
- 1 sárgarépa, apróra vágva
- 1 evőkanál koriander, apróra vágva

Utasítás:
1. Egy serpenyőt olajjal felhevítünk közepesen erős lángon, hozzáadjuk a hagymát és a sült burgonyát, és 5 percig főzzük.
2. Adjuk hozzá a paprikát és a sárgarépát, és főzzük további 5 percig.
3. Adjuk hozzá a tojást, a borsot és a sajtot, keverjük össze és főzzük további 10 percig.
4. Adjunk hozzá koriandert, keverjük össze, főzzük még néhány másodpercig, osszuk el az egészet tányérokra, és tálaljuk reggelire.

Táplálás: kalória 277, zsír 17,5, rost 2,7, szénhidrát 19,9, fehérje 11

Metélőhagymás Bacon Risotto

Elkészítési idő: 10 perc
Főzési idő: 25 perc
Adagok: 4

Tartalom:
- 3 szelet bacon, alacsony nátrium, apróra vágva
- 1 evőkanál avokádó olaj
- 1 csésze fehér rizs
- 1 vöröshagyma, apróra vágva
- 2 csésze alacsony nátriumtartalmú csirkehúsleves
- 2 evőkanál zsírszegény parmezán, lereszelve
- 1 evőkanál metélőhagyma, apróra vágva
- Egy csipet fekete bors

Utasítás:
1. Melegíts fel egy serpenyőt olajjal közepes lángon, add hozzá a hagymát és a bacont, keverd össze és főzd 5 percig.
2. Adjuk hozzá a rizst és a többi hozzávalót, keverjük össze, forraljuk fel és főzzük 20 percig közepes lángon.
3. Keverjük össze a keveréket, osszuk tálakba és tálaljuk reggelire.

Táplálás: kalória 271, zsír 7,2, rost 1,4, szénhidrát 40, fehérje 9,9

Fahéjas pisztácia quinoa

Elkészítési idő: 5 perc
Főzési idő: 10 perc
Adagok: 4

Tartalom:
- 1 és ½ csésze vizet
- 1 teáskanál fahéjpor
- 1 és ½ csésze quinoa
- 1 csésze mandulatej
- 1 evőkanál kókuszcukor
- ¼ csésze földimogyoró, apróra vágva

Utasítás:
1. A vizet és a mandulatejet egy lábasba tesszük, közepes lángon felforraljuk, hozzáadjuk a quinoát és a többi hozzávalót, habverővel, 10 percig főzzük, tálakba osztjuk, kihűtjük és reggelire tálaljuk.

Táplálás: kalória 222, zsír 16,7, rost 2,5, szénhidrát 16,3, fehérje 3,9

Cseresznye joghurt keverék

Elkészítési idő: 10 perc
Főzési idő: 0 perc
Adagok: 4

Tartalom:
- 4 csésze zsírmentes joghurt
- 1 csésze cseresznye kimagozva és félbevágva
- 4 evőkanál kókuszcukor
- ½ teáskanál vanília kivonat

Utasítás:
1. Egy tálban keverjük össze a joghurtot a cseresznyével, a cukorral és a vaníliával, és tegyük a hűtőbe 10 percre.
2. Tálkákba osztjuk és reggelire tálaljuk.

Táplálás: kalória 145, zsír 0, rost 0,1, szénhidrát 29, fehérje 2,3

Szilva és kókusz keverék

Elkészítési idő: 10 perc
Főzési idő: 15 perc
Adagok: 4

Tartalom:
- 4 szilva kimagozva és félbevágva
- 3 evőkanál kókuszolaj, olvasztott
- ½ teáskanál fahéjpor
- 1 csésze kókuszkrém
- ¼ csésze cukrozatlan kókuszdió, reszelve
- 2 evőkanál napraforgómag, pirítva

Utasítás:
1. Keverje össze a szilvát az olajjal, a fahéjjal és a többi hozzávalóval egy tepsiben, tegye a sütőbe, és süsse 380 F-on 15 percig.
2. Mindent tálakba osztunk és tálaljuk.

Táplálás: kalória 282, zsír 27,1, rost 2,8, szénhidrát 12,4, fehérje 2,3

almás joghurt

Elkészítési idő: 10 perc
Főzési idő: 0 perc
Adagok: 4

Tartalom:
- 6 alma kimagozva és pürésítve
- 1 pohár natúr almalé
- 2 evőkanál kókuszcukor
- 2 csésze zsírmentes joghurt
- 1 teáskanál fahéjpor

Utasítás:
1. Egy tálban keverjük össze az almát az almalével és a többi hozzávalóval, keverjük össze, osszuk tálakba, és tálalás előtt tegyük hűtőbe 10 percre.

Táplálás: kalória 289, zsír 0,6, rost 8,7, szénhidrát 68,5, fehérje 3,9

Eper- és zabtálak

Elkészítési idő: 10 perc
Főzési idő: 20 perc
Adagok: 4

Tartalom:
- 1 és ½ csésze gluténmentes zab
- 2 és ¼ csésze mandulatej
- ½ teáskanál vanília kivonat
- 2 csésze eper, szeletelve
- 2 evőkanál kókuszcukor

Utasítás:
1. A tejet egy lábasba tesszük, közepes lángon felforraljuk, hozzáadjuk a zabot és a többi hozzávalót, összekeverjük, 20 percig főzzük, tálakba osztjuk és reggelire tálaljuk.

Táplálás: kalória 216, zsír 1,5, rost 3,4, szénhidrát 39,5, fehérje 10,4

Juharbarack keverék

Elkészítési idő: 10 perc
Főzési idő: 15 perc
Adagok: 4

Tartalom:
- 4 őszibarack kimagozva és kockákra vágva
- ¼ csésze juharszirup
- ¼ teáskanál mandula kivonat
- ½ csésze mandulatej

Utasítás:
1. A mandulatejet egy lábasba tesszük, közepes lángon felforraljuk, hozzáadjuk az őszibarackot és a többi hozzávalót, összekeverjük, 15 percig főzzük, tálakba osztjuk és reggelire tálaljuk.

Táplálás: kalória 180, zsír 7,6, rost 3, szénhidrát 28,9, fehérje 2,1

Fahéjas rizs és datolya

Elkészítési idő: 10 perc
Főzési idő: 20 perc
Adagok: 4

Tartalom:
- 1 csésze fehér rizs
- 2 csésze mandulatej
- 4 datolya, apróra vágva
- 2 evőkanál fahéjpor
- 2 evőkanál kókuszcukor

Utasítás:
1. Keverjük össze a rizst a tejjel és a többi hozzávalóval egy serpenyőben, forraljuk fel és főzzük 20 percig közepes lángon.
2. A keveréket újra keverjük, tálakba osztjuk és reggelire tálaljuk.

Táplálás: kalória 516, zsír 29, rost 3,9, szénhidrát 59,4, fehérje 6,8

Füge, körte és gránátalma joghurt

Elkészítési idő: 10 perc
Főzési idő: 0 perc
Adagok: 4

Tartalom:
- 1 csésze füge, félbevágva
- 1 körte kimagozva és felkockázva
- ½ csésze gránátalma mag
- ½ csésze kókuszcukor
- 2 csésze zsírmentes joghurt

Utasítás:
1. Egy tálban összedolgozzuk a fügét a joghurttal és a többi hozzávalóval, összekeverjük, tálakba osztjuk és reggelire tálaljuk.

Táplálás: kalória 223, zsír 0,5, rost 6,1, szénhidrát 52, fehérje 4,5

Szerecsendió eper kása

Elkészítési idő: 10 perc
Főzési idő: 20 perc
Adagok: 4

Tartalom:
- 4 csésze kókusztej
- 1 csésze kukoricadara
- 1 teáskanál vanília kivonat
- 1 csésze eper, félbevágva
- ½ teáskanál szerecsendió, őrölt

Utasítás:
1. A tejet egy lábasba tesszük, közepes lángon felforraljuk, hozzáadjuk a kukoricadarát és a többi hozzávalót, összekeverjük, 20 percig főzzük, majd levesszük a tűzről.
2. A zabkását tányérokra osztjuk és reggelire tálaljuk.

Táplálás: kalória 678, zsír 58,5, rost 8,3, szénhidrát 39,8, fehérje 8,2

Krémes rizs és eper

Elkészítési idő: 10 perc
Főzési idő: 20 perc
Adagok: 4

Tartalom:
- 1 csésze barna rizs
- 2 csésze kókusztej
- 1 evőkanál fahéjpor
- 1 csésze szeder
- ½ csésze kókusztejszín, cukrozatlan

Utasítás:
1. A tejet egy lábasba tesszük, közepes lángon felforraljuk, hozzáadjuk a rizst és a többi hozzávalót, 20 percig főzzük, majd tálakba osztjuk.
2. Melegen tálaljuk reggelire.

Táplálás: kalória 469, zsír 30,1, rost 6,5, szénhidrát 47,4, fehérje 7

Vaníliás kókusz rizs

Elkészítési idő: 10 perc
Főzési idő: 20 perc
Adagok: 6

Tartalom:
- 2 csésze kókusztej
- 1 csésze basmati rizs
- 2 evőkanál kókuszcukor
- ¾ csésze kókuszkrém
- 1 teáskanál vanília kivonat

Utasítás:
1. Egy serpenyőben keverjük össze a tejet a rizzsel és a többi hozzávalóval, keverjük össze, forraljuk fel és főzzük 20 percig közepes lángon.
2. A keveréket újra keverjük, tálakba osztjuk és reggelire tálaljuk.

Táplálás: kalória 462, zsír 25,3, rost 2,2, szénhidrát 55,2, fehérje 4,8

Kókuszos rizs és cseresznye

Elkészítési idő: 10 perc
Főzési idő: 25 perc
Adagok: 4

Tartalom:
- 1 evőkanál szerecsendió, reszelve
- 2 evőkanál kókuszcukor
- 1 csésze fehér rizs
- 2 csésze kókusztej
- ½ teáskanál vanília kivonat
- ¼ csésze cseresznye, kimagozva és felezve
- főző spray

Utasítás:
1. A tejet egy lábasba tesszük, hozzáadjuk a cukrot és a szerecsendiót, összekeverjük és közepes lángon felforraljuk.
2. Adjuk hozzá a rizst és a többi hozzávalót, főzzük 25 percig, gyakori kevergetés mellett, osszuk tálakba és tálaljuk.

Táplálás: kalória 505, zsír 29,5, rost 3,4, szénhidrát 55,7, fehérje 6,6

Gyömbéres rizs keverék

Elkészítési idő: 10 perc
Főzési idő: 25 perc
Adagok: 4

Tartalom:
- 1 csésze fehér rizs
- 2 csésze mandulatej
- 1 evőkanál gyömbér, lereszelve
- 3 evőkanál kókuszcukor
- 1 teáskanál fahéjpor

Utasítás:
1. A tejet egy lábasba tesszük, közepes lángon felforraljuk, hozzáadjuk a rizst és a többi hozzávalót, összekeverjük, 25 percig főzzük, tálakba osztjuk és tálaljuk.

Táplálás: kalória 449, zsír 29, rost 3,4, szénhidrát 44,6, fehérje 6,2

Borsos kolbász rakott

Elkészítési idő: 10 perc
Főzési idő: 35 perc
Adagok: 4

Tartalom:
- 1 font hash barnák
- 4 tojás, rántotta
- 1 vöröshagyma, apróra vágva
- 1 csípős paprika, apróra vágva
- 1 evőkanál olívaolaj
- 6 uncia alacsony nátriumtartalmú kolbász, apróra vágva
- ¼ teáskanál paprika
- Egy csipet fekete bors

Utasítás:
1. Egy serpenyőt olajjal felhevítünk közepes lángon, hozzáadjuk a hagymát és a kolbászt, összekeverjük és 5 percig pirítjuk.
2. Adjuk hozzá a cheddar sajtot és a többi hozzávalót a tojás és a bors kivételével, keverjük össze és főzzük további 5 percig.
3. Öntsük a paprikás rántottát a kolbászos keverékre, tegyük vissza a serpenyőt a sütőbe, és süssük 370 F-on 25 percig.
4. Osszuk a keveréket a tányérokra, és tálaljuk a reggelit,

Táplálás: kalória 527, zsír 31,3, rost 3,8, szénhidrát 51,2, fehérje 13,3

Gombás rizstálak

Elkészítési idő: 10 perc
Főzési idő: 30 perc
Adagok: 4

Tartalom:
- 1 vöröshagyma, apróra vágva
- 1 csésze fehér rizs
- 2 gerezd fokhagyma, felaprítva
- 2 evőkanál olívaolaj
- 2 csésze alacsony nátriumtartalmú csirkehúsleves
- 1 evőkanál koriander, apróra vágva
- ½ csésze zsírmentes cheddar sajt, reszelve
- ½ kiló fehér gomba, szeletelve
- Bors vissza ízlés szerint

Utasítás:
1. Egy serpenyőben közepes lángon felhevítjük az olajat, hozzáadjuk a hagymát, a fokhagymát és a gombát, összekeverjük és 5-6 percig főzzük.
2. Adjuk hozzá a rizst és a többi hozzávalót, forraljuk fel és főzzük 25 percig közepes lángon, időnként megkeverve.
3. A rizskeveréket tálakba osztjuk, és reggelire tálaljuk.

Táplálás: kalória 314, zsír 12,2, rost 1,8, szénhidrát 42,1, fehérje 9,5

Tojás paradicsommal és spenóttal

Elkészítési idő: 10 perc
Főzési idő: 20 perc
Adagok: 4

Tartalom:

- ½ csésze alacsony zsírtartalmú tej
- Fekete bors ízű
- 8 tojás, rántotta
- 1 csésze bébispenót, apróra vágva
- 1 db sárgahagyma apróra vágva
- 1 evőkanál olívaolaj
- 1 csésze koktélparadicsom, felkockázva
- ¼ csésze zsírmentes cheddar, reszelve

Utasítás:
1. Melegíts fel egy serpenyőt olajjal közepes lángon, add hozzá a hagymát, keverd össze és főzd 2-3 percig.
2. Adjuk hozzá a spenótot és a paradicsomot, keverjük össze és főzzük további 2 percig.
3. Adjuk hozzá a tejjel és fekete borssal felvert tojást, és enyhén keverjük habosra.
4. Szórjuk meg cheddarral, tegyük a tepsit a sütőbe, és süssük 390 F-on 15 percig.
5. Oszd fel és tálald tányérokon.

Táplálás: kalória 195, zsír 13, rost 1,3, szénhidrát 6,8, fehérje 13,7

szezámmagos omlett

Elkészítési idő: 5 perc
Főzési idő: 15 perc
Adagok: 4

Tartalom:
- 4 tojás, rántotta
- Egy csipet fekete bors
- 1 evőkanál olívaolaj
- 1 teáskanál szezámmag
- 2 újhagyma, apróra vágva
- 1 teáskanál édes paprika
- 1 evőkanál koriander, apróra vágva

Utasítás:
1. Melegíts fel egy serpenyőt olajjal közepes lángon, add hozzá a zöldhagymát, keverd össze és pirítsd 2 percig.
2. Hozzáadjuk a többi hozzávalóval elkevert tojást, kicsit felverjük, a serpenyőben elosztjuk az omlettet és 7 percig főzzük.
3. Fordítsuk meg, főzzük még 6 percig az omlettet, osszuk szét a tányérok között és tálaljuk.

Táplálás: kalória 101, zsír 8,3, rost 0,5, szénhidrát 1,4, fehérje 5,9

Sütőtök zabpehely

Elkészítési idő: 5 perc
Főzési idő: 20 perc
Adagok: 4

Tartalom:
- 1 csésze acélra vágott zab
- 3 csésze mandulatej
- 1 evőkanál zsírmentes vaj
- 2 teáskanál fahéjpor
- 1 teáskanál sütőtök desszert fűszer
- 1 csésze cukkini, lereszelve

Utasítás:
1. Melegítsük fel a tejet egy serpenyőben közepes lángon, adjuk hozzá a zabot és a többi hozzávalót, keverjük össze, forraljuk fel és forraljuk 20 percig, időnként megkeverve.
2. A zabpelyhet tálkákba osztjuk, és reggelire tálaljuk.

Táplálás: kalória 508, zsír 44,5, rost 6,7, szénhidrát 27,2, fehérje 7,5

Mandulás és kókuszos tál

Elkészítési idő: 5 perc
Főzési idő: 20 perc
Adagok: 4

Tartalom:
- 2 csésze kókusztej
- 1 csésze kókusz, reszelve
- ½ csésze juharszirup
- 1 csésze mazsola
- 1 csésze mandula
- ½ teáskanál vanília kivonat

Utasítás:
1. A tejet egy lábasba tesszük, közepes lángon felforraljuk, hozzáadjuk a kókuszt és a többi hozzávalót, és 20 percig főzzük, időnként megkeverve.
2. A keveréket tálakba osztjuk, és forrón tálaljuk reggelire.

Táplálás: kalória 697, zsír 47,4, rost 8,8, szénhidrát 70, fehérje 9,6

Meleg csicseriborsó saláta

Elkészítési idő: 5 perc
Főzési idő: 15 perc
Adagok: 4

Tartalom:
- 2 gerezd fokhagyma, felaprítva
- 2 paradicsom, durvára vágva
- 1 uborka, durvára vágva
- 2 medvehagyma, apróra vágva
- 2 csésze konzerv csicseriborsó, sózatlan, lecsepegtetve
- 1 evőkanál petrezselyem, apróra vágva
- 1/3 csésze menta, apróra vágva
- 1 avokádó kimagozva, meghámozva és apróra vágva
- 2 evőkanál olívaolaj
- 1 lime leve
- Fekete bors ízű

Utasítás:
1. Melegítsünk fel egy serpenyőt olajjal közepes lángon, adjuk hozzá a fokhagymát és a medvehagymát, keverjük össze és főzzük 2 percig.
2. Hozzáadjuk a csicseriborsót és a többi hozzávalót, összekeverjük, további 13 percig főzzük, tálakba osztjuk és reggelire tálaljuk.

Táplálás: kalória 561, zsír 23,1, rost 22,4, szénhidrát 73,1, fehérje 21,8

Kakaós köles puding

Elkészítési idő: 10 perc
Főzési idő: 30 perc
Adagok: 4

Tartalom:
- 14 uncia kókusztej
- 1 csésze köles
- 1 evőkanál kakaópor
- ½ teáskanál vanília kivonat

Utasítás:
1. A tejet egy serpenyőbe tesszük, közepes lángon felforraljuk, hozzáadjuk a kölest és a többi hozzávalót, és gyakori kevergetés mellett 30 percig főzzük.
2. Tálkákba osztjuk és reggelire tálaljuk.

Táplálás: kalória 422, zsír 25,9, rost 6,8, szénhidrát 42,7, fehérje 8

chia puding

Elkészítési idő: 15 perc
Főzési idő: 0 perc
Adagok: 4

Tartalom:
- 2 csésze mandulatej
- ½ csésze chia mag
- 2 evőkanál kókuszcukor
- fél citrom héja, lereszelve
- 1 teáskanál vanília kivonat
- ½ teáskanál gyömbérpor

Utasítás:
1. Egy tálban keverjük össze a chia magot a tejjel és a többi hozzávalóval, és tálalás előtt hagyjuk állni 15 percig.

Táplálás: kalória 366, zsír 30,8, rost 5,5, szénhidrát 20,8, fehérje 4,6

tápióka puding

Elkészítési idő: 2 óra
Főzési idő: 0 perc
Adagok: 4

Tartalom:
- ½ csésze tápióka gyöngy
- 2 csésze kókusztej, meleg
- 4 teáskanál kókuszcukor
- ½ teáskanál fahéjpor

Utasítás:
1. Egy tálban keverje össze a tápiókát a forró tejjel és a többi hozzávalóval, keverje össze, és tálalás előtt hagyja állni 2 órát.
2. Kis tálkákba osztjuk és reggelire tálaljuk.

Táplálás: kalória 439, zsír 28,6, rost 2,8, szénhidrát 42,5, fehérje 3,8

cheddar keverék

Elkészítési idő: 10 perc
Főzési idő: 25 perc
Adagok: 4

Tartalom:

- 1 font hash barnák
- 1 evőkanál avokádó olaj
- 1/3 csésze kókuszkrém
- 1 db sárgahagyma apróra vágva
- 1 csésze zsírmentes cheddar sajt, reszelve
- Fekete bors ízű
- 4 tojás, rántotta

Utasítás:
1. Melegíts fel egy serpenyőt olajjal közepes lángon, add hozzá a sárgarépát és a hagymát, keverd össze és pirítsd 5 percig.
2. Hozzáadjuk a többi hozzávalót a sajt kivételével, összekeverjük és további 5 percig főzzük.
3. Megszórjuk sajttal a tetejét, visszatesszük a tepsit a sütőbe, és 390 fokon 15 percig sütjük.
4. A keveréket tányérokra osztjuk, és reggelire tálaljuk.

Táplálás: kalória 539, zsír 33,2, rost 4,8, szénhidrát 44,4, fehérje 16,8

Hóborsó saláta

Elkészítési idő: 10 perc
Főzési idő: 20 perc
Adagok: 4

Tartalom:
- 3 gerezd fokhagyma, felaprítva
- 1 db sárgahagyma apróra vágva
- 1 evőkanál olívaolaj
- 1 sárgarépa, apróra vágva
- 1 evőkanál balzsamecet
- 2 csésze hóborsó, félbevágva
- ½ csésze zöldségalaplé, sózatlan
- 2 evőkanál újhagyma apróra vágva
- 1 evőkanál koriander, apróra vágva

Utasítás:
1. Melegíts fel egy serpenyőt közepes lángon, add hozzá a hagymát és a fokhagymát, keverd össze és főzd 5 percig.
2. Hozzáadjuk a hóborsót és a többi hozzávalót, és közepes lángon 15 percig főzzük.
3. A keveréket tálakba osztjuk, és forrón tálaljuk reggelire.

Táplálás: kalória 89, zsír 4,2, rost 3,3, szénhidrát 11,2, fehérje 3,3

Quinoa és csicseriborsó keverék

Elkészítési idő: 10 perc
Főzési idő: 20 perc
Adagok: 6

Tartalom:

- 1 vöröshagyma, apróra vágva
- 1 evőkanál olívaolaj
- 15 uncia konzerv csicseriborsó, só nélkül, és leszűrjük
- 14 uncia kókusztej
- ¼ csésze quinoa
- 1 evőkanál gyömbér, lereszelve
- 2 gerezd fokhagyma, felaprítva
- 1 evőkanál kurkuma por
- 1 evőkanál koriander, apróra vágva

Utasítás:

1. Melegíts fel egy serpenyőt olajjal közepes lángon, add hozzá a hagymát, keverd össze és pirítsd 5 percig.
2. Adjuk hozzá a csicseriborsót, a quinoát és a többi hozzávalót, keverjük össze, forraljuk fel és főzzük 15 percig.
3. A keveréket tálakba osztjuk és reggelire tálaljuk.

Táplálás: kalória 472, zsír 23, rost 15,1, szénhidrát 54,6, fehérje 16,6

Oliva és bors saláta

Elkészítési idő: 5 perc
Főzési idő: 15 perc
Adagok: 4

Tartalom:
- 1 csésze fekete olajbogyó, kimagozva és félbe vágva
- ½ csésze zöld olajbogyó, kimagozva és félbevágva
- 1 evőkanál olívaolaj
- 2 újhagyma, apróra vágva
- 1 piros kaliforniai paprika csíkokra vágva
- 1 zöld kaliforniai paprika, csíkokra vágva
- 1 citrom héja, lereszelve
- 1 lime leve
- 1 csokor petrezselyem, apróra vágva
- 1 paradicsom, apróra vágva

Utasítás:
1. Melegíts fel egy serpenyőt olajjal közepes lángon, add hozzá a zöldhagymát, keverd össze és pirítsd 2 percig.
2. Adjuk hozzá az olajbogyót, a paprikát és a többi hozzávalót, keverjük össze és főzzük további 13 percig.
3. Tálkákba osztjuk és reggelire tálaljuk.

Táplálás: kalória 192, zsír 6,7, rost 3,3, szénhidrát 9,3, fehérje 3,5

Zöldbab és tojás keveréke

Elkészítési idő: 10 perc
Főzési idő: 15 perc
Adagok: 4

Tartalom:
- 1 gerezd fokhagyma, felaprítva
- 1 vöröshagyma, apróra vágva
- 1 evőkanál avokádó olaj
- 1 kiló zöldbab vágva és félbevágva
- 8 tojás, rántotta
- 1 evőkanál koriander, apróra vágva
- Egy csipet fekete bors

Utasítás:
1. Melegíts fel egy serpenyőt olajjal közepes lángon, add hozzá a hagymát és a fokhagymát, és pirítsd 2 percig.
2. Adjuk hozzá a zöldbabot és főzzük további 2 percig.
3. Adjuk hozzá a tojást, a borsot és a koriandert, dobjuk fel, kenjük a serpenyőre, és pároljuk 10 percig.
4. A keveréket tányérokra osztjuk és tálaljuk.

Táplálás: kalória 260, zsír 12,1, rost 4,7, szénhidrát 19,4, fehérje 3,6

Sárgarépa és tojás saláta

Elkészítési idő: 10 perc
Főzési idő: 0 perc
Adagok: 4

Tartalom:
- 2 sárgarépa, kockára vágva
- 2 zöldhagyma, apróra vágva
- 1 csokor petrezselyem, apróra vágva
- 2 evőkanál olívaolaj
- 4 tojás keményre főzve, meghámozva és felkockázva
- 1 evőkanál balzsamecet
- 1 evőkanál metélőhagyma, apróra vágva
- Egy csipet fekete bors

Utasítás:
1. Keverje össze a sárgarépát a tojással és a többi hozzávalóval egy tálban, és tálalja reggeliként.

Táplálás: kalória 251, zsír 9,6, rost 4,1, szénhidrát 15,2, fehérje 3,5

Krémes gyümölcsök

Elkészítési idő: 5 perc
Főzési idő: 15 perc
Adagok: 4

Tartalom:
- 3 evőkanál kókuszcukor
- 1 csésze kókuszkrém
- 1 csésze áfonya
- 1 csésze szeder
- 1 csésze eper
- 1 teáskanál vanília kivonat

Utasítás:
1. A tejszínt egy serpenyőbe tesszük, közepes lángon melegítjük, hozzáadjuk a cukrot és a többi hozzávalót, összekeverjük, 15 percig főzzük, tálakba osztjuk és reggelire tálaljuk.

Táplálás: kalória 460, zsír 16,7, rost 6,5, szénhidrát 40,3, fehérje 5,7

Almás és mazsolás tálak

Elkészítési idő: 5 perc
Főzési idő: 15 perc
Adagok: 4

Tartalom:
- 1 csésze áfonya
- 1 teáskanál fahéjpor
- 1 és ½ csésze mandulatej
- ¼ csésze mazsola
- 2 alma kimagozva, meghámozva és felkockázva
- 1 csésze kókuszkrém

Utasítás:
1. A tejet egy lábosba tesszük, közepes lángon felforraljuk, hozzáadjuk az epret és a többi hozzávalót, összekeverjük, 15 percig főzzük, tálakba osztjuk és reggelire tálaljuk.

Táplálás: kalória 482, zsír 7,8, rost 5,6, szénhidrát 15,9, fehérje 4,9

Hajdina zabkása gyömbérrel

Elkészítési idő: 10 perc
Főzési idő: 25 perc
Adagok: 4

Tartalom:
- 1 csésze hajdina
- 3 csésze kókusztej
- ½ teáskanál vanília kivonat
- 1 evőkanál kókuszcukor
- 1 teáskanál gyömbérpor
- 1 teáskanál fahéjpor

Utasítás:
1. A tejet és a cukrot egy serpenyőbe tesszük, közepes lángon felforraljuk, hozzáadjuk a hajdinát és a többi hozzávalót, 25 percig főzzük, gyakori kevergetés mellett, tálakba osztva reggelire tálaljuk.

Táplálás: kalória 482, zsír 14,9, rost 4,5, szénhidrát 56,3, fehérje 7,5

Karfiol és paprika saláta

Elkészítési idő: 10 perc
Főzési idő: 20 perc
Adagok: 4

Tartalom:
- 1 kiló karfiol virág
- 1 evőkanál olívaolaj
- 2 újhagyma, apróra vágva
- 1 piros kaliforniai paprika, szeletelve
- 1 sárga kaliforniai paprika, szeletelve
- 1 zöld kaliforniai paprika, szeletelve
- 1 evőkanál koriander, apróra vágva
- Egy csipet fekete bors

Utasítás:
1. Melegíts fel egy serpenyőt olajjal közepes lángon, add hozzá a hagymát, keverd össze és pirítsd 2 percig.
2. Hozzáadjuk a karfiolt és a többi hozzávalót, összekeverjük, 16 percig főzzük, tálakba osztjuk és reggelire tálaljuk.

Táplálás: kalória 271, zsír 11,2, rost 3,4, szénhidrát 11,5, fehérje 4

Csirke és Hash Browns

Elkészítési idő: 10 perc
Főzési idő: 25 perc
Adagok: 4

Tartalom:
- 2 evőkanál olívaolaj
- 1 db sárgahagyma apróra vágva
- 2 gerezd fokhagyma, felaprítva
- 1 teáskanál Cajun fűszer
- 8 uncia csirkemell, bőr nélkül, csont nélkül és darálva
- ½ font hash barnák
- 2 evőkanál zöldségleves, sózatlan
- 1 zöld kaliforniai paprika, apróra vágva

Utasítás:
1. Egy serpenyőben közepes lángon felhevítjük az olajat, hozzáadjuk a hagymát, a fokhagymát és a húst, és 5 percig pirítjuk.
2. Adjuk hozzá a megfőtt kukoricát és a többi hozzávalót, keverjük össze és főzzük közepes lángon 20 percig, gyakori kevergetés mellett.
3. Tányérokra osztva reggelire tálaljuk.

Táplálás: kalória 362, zsír 14,3, rost 6,3, szénhidrát 25,6, fehérje 6,1

Dash diétás ebédreceptek

Black Bean Burritók

Elkészítési idő: 5 perc
Főzési idő: 12 perc
Adagok: 4

Tartalom:

- 1 csésze konzerv feketebab, só nélkül, lecsepegtetjük és leöblítjük
- 1 zöld kaliforniai paprika, apróra vágva
- 1 sárgarépa, meghámozva és lereszelve
- 1 evőkanál olívaolaj
- 1 vöröshagyma, szeletelve
- ½ csésze kukorica
- 1 csésze zsírszegény cheddar, lereszelve
- 6 teljes kiőrlésű kenyér
- 1 csésze zsírmentes joghurt

Utasítás:

1. Melegíts fel egy serpenyőt olajjal közepes lángon, add hozzá a hagymát és pirítsd 2 percig.
2. Adjuk hozzá a babot, a sárgarépát, a kaliforniai paprikát és a kukoricát, keverjük össze és főzzük további 10 percig.
3. A tortillákat munkalapra tesszük, mindegyikbe elosztjuk a babos keveréket, a sajtot és a joghurtot is elosztjuk, feltekerjük és ebédre tálaljuk.

Táplálás: kalória 451, zsír 7,5, rost 13,8, szénhidrát 78,2, fehérje 20,9

Csirke és mangó keverék

Elkészítési idő: 10 perc
Főzési idő: 20 perc
Adagok: 4

Tartalom:
- 2 csirkemell bőr nélkül, csont nélkül és felkockázva
- ¼ csésze alacsony nátriumtartalmú csirkehúsleves
- ½ csésze zeller, apróra vágva
- 1 csésze bébispenót
- 1 mangó meghámozva és felkockázva
- 2 újhagyma, apróra vágva
- 1 evőkanál olívaolaj
- 1 teáskanál kakukkfű, szárítva
- ¼ teáskanál fokhagymapor
- Egy csipet fekete bors

Utasítás:
1. Melegíts fel egy serpenyőt olajjal közepes lángon, add hozzá a mogyoróhagymát és a csirkét, és pirítsd 5 percig.
2. Hozzáadjuk a többi hozzávalót a zeller és a spenót kivételével, összekeverjük és további 12 percig főzzük.
3. Hozzáadjuk a spenótot, összekeverjük, 2-3 percig főzzük, mindent tányérokra osztunk és tálaljuk.

Táplálás: kalória 221, zsír 9,1, rost 2, szénhidrát 14,1, fehérje 21,5

csicseriborsó torta

Elkészítési idő: 10 perc
Főzési idő: 10 perc
Adagok: 4

Tartalom:
- 2 gerezd fokhagyma, felaprítva
- 15 uncia konzerv csicseriborsó, só nélkül, leszűrjük és leöblítjük
- 1 teáskanál paprika
- 1 teáskanál kömény, őrölt
- 1 tojás
- 1 evőkanál olívaolaj
- 1 evőkanál citromlé
- 1 evőkanál citromhéj, lereszelve
- 1 evőkanál koriander, apróra vágva

Utasítás:
1. Egy turmixgépben keverjük össze a csicseriborsót a többi hozzávalóval, kivéve a fokhagymát és a tojást, és jól keverjük össze.
2. Ebből a keverékből közepes méretű tortákat formázunk.
3. Melegíts fel egy serpenyőt közepesen erős lángon, tedd bele a csicseriborsó muffinokat, süsd 5 percig mindkét oldalát, tányérokra osztva, körethez salátával tálald ebédre.

Táplálás: kalória 441, zsír 11,3, rost 19, szénhidrát 66,4, fehérje 22,2

Salsa és karfiol tálak

Elkészítési idő: 10 perc
Főzési idő: 10 perc
Adagok: 4

Tartalom:
- 1 evőkanál avokádó olaj
- 1 csésze piros kaliforniai paprika, kockára vágva
- 1 kiló karfiol virág
- 1 vöröshagyma, apróra vágva
- 3 evőkanál salsa
- 2 evőkanál zsírszegény cheddar, lereszelve
- 2 evőkanál kókuszkrém

Utasítás:
1. Melegíts fel egy serpenyőt olajjal közepes lángon, add hozzá a hagymát és a paprikát, és pirítsd 2 percig.
2. Hozzáadjuk a karfiolt és a többi hozzávalót, összekeverjük, további 8 percig főzzük, tálakba osztjuk és tálaljuk.

Táplálás: kalória 114, zsír 5,5, rost 4,3, szénhidrát 12,7, fehérje 6,7

Lazac és spenót saláta

Elkészítési idő: 5 perc
Főzési idő: 0 perc
Adagok: 4

Tartalom:
- 1 csésze lazackonzerv, lecsepegtetve és felkockázva
- 1 evőkanál citromhéj, lereszelve
- 1 evőkanál citromlé
- 3 evőkanál zsírmentes joghurt
- 1 csésze bébispenót
- 1 teáskanál kapribogyó lecsepegtetve és feldarabolva
- 1 vöröshagyma, apróra vágva
- Egy csipet fekete bors
- 1 evőkanál metélőhagyma, apróra vágva

Utasítás:
1. Egy tálban összekeverjük a lazacot citromhéjjal, citromlével és a többi hozzávalóval, megkeverjük és hidegen tálaljuk ebédre.

Táplálás: kalória 61, zsír 1,9, rost 1, szénhidrát 5, fehérje 6,8

Csirke és kelkáposzta keveréke

Elkészítési idő: 10 perc
Főzési idő: 20 perc
Adagok: 4

Tartalom:
- 1 evőkanál olívaolaj
- 1 kiló csirkemell, bőr nélkül, csont nélkül és felkockázva
- ½ kiló káposzta, tépve
- 2 koktélparadicsom félbevágva
- 1 db sárgahagyma apróra vágva
- ½ csésze alacsony nátriumtartalmú csirke alaplé
- ¼ csésze zsírszegény mozzarella, reszelve

Utasítás:
1. Melegíts fel egy serpenyőt olajjal közepes lángon, add hozzá a csirkét és a hagymát, és pirítsd 5 percig.
2. Hozzáadjuk a többi hozzávalót a kelkáposzta és a mozzarella kivételével, összeforgatjuk és további 12 percig főzzük.
3. A tetejére sajtot szórunk, 2-3 percig főzzük, tányérokra osztjuk és ebédre tálaljuk.

Táplálás: kalória 231, zsír 6,5, rost 2,7, szénhidrát 11,4, fehérje 30,9

Lazac és rukkola saláta

Elkészítési idő: 10 perc
Főzési idő: 0 perc
Adagok: 4

Tartalom:

- 6 uncia konzerv lazac, lecsepegtetve és felkockázva
- 1 evőkanál balzsamecet
- 1 evőkanál olívaolaj
- 2 medvehagyma, apróra vágva
- ½ csésze fekete olajbogyó, kimagozva és félbevágva
- 2 csésze bébi rukkola
- Egy csipet fekete bors

Utasítás:

1. Egy tálban keverjük össze a lazacot a medvehagymával és a többi hozzávalóval, tegyük hűtőbe 10 percre, mielőtt tálaljuk ebédre.

Táplálás: kalória 113, zsír 8, rost 0,7, szénhidrát 2,3, fehérje 8,8

Garnélarák és zöldség saláta

Elkészítési idő: 5 perc
Főzési idő: 10 perc
Adagok: 4

Tartalom:
- 1 evőkanál olívaolaj
- 1 font garnélarák, meghámozva és kivágva
- 1 evőkanál bazsalikom pesto
- 1 csésze rukkola baba
- 1 db sárgahagyma apróra vágva
- 1 uborka, szeletelve
- 1 csésze sárgarépa, lereszelve
- 1 evőkanál koriander, apróra vágva

Utasítás:
1. Melegíts fel egy serpenyőt olajjal közepes lángon, add hozzá a hagymát és a sárgarépát, keverd össze és főzd 3 percig.
2. Adjuk hozzá a garnélarákot és a többi hozzávalót, főzzük még 7 percig, osszuk tálakba és tálaljuk.

Táplálás: kalória 200, zsír 5,6, rost 1,8, szénhidrát 9,9, fehérje 27

Pulyka és paprika csomagolás

Elkészítési idő: 10 perc
Főzési idő: 3 perc
Adagok: 2

Tartalom:
- 2 teljes kiőrlésű kenyér
- 2 teáskanál mustár
- 2 teáskanál majonéz
- 1 pulykamell bőr nélkül, csont nélkül és csíkokra vágva
- 1 evőkanál olívaolaj
- 1 vöröshagyma, apróra vágva
- 1 piros kaliforniai paprika csíkokra vágva
- 1 zöld kaliforniai paprika, csíkokra vágva
- ¼ csésze zsírszegény mozzarella, reszelve

Utasítás:
1. Egy serpenyőt olajjal felhevítünk közepes lángon, hozzáadjuk a húst és a hagymát, és 5 percig pirítjuk.
2. Adjuk hozzá a paprikát, dobjuk ki és főzzük további 10 percig.
3. A tortillákat munkalapra tesszük, mindegyikbe elosztjuk a pulykaseveréket, ráosztjuk a majonézt, a mustárt és a sajtot is, becsomagoljuk és ebédre tálaljuk.

Táplálás: kalória 342, zsír 11,6, rost 7,7, szénhidrát 39,5, fehérje 21,9

Zöldbableves

Elkészítési idő: 5 perc
Főzési idő: 25 perc
Adagok: 4

Tartalom:
- 2 teáskanál olívaolaj
- 2 gerezd fokhagyma, felaprítva
- 1 kiló zöldbab vágva és félbevágva
- 1 db sárgahagyma apróra vágva
- 2 paradicsom, felkockázva
- 1 teáskanál édes paprika
- 1 liter alacsony nátriumtartalmú csirkehúsleves
- 2 evőkanál petrezselyem, apróra vágva

Utasítás:
1. Egy serpenyőben közepes lángon hevítsük fel az olajat, adjuk hozzá a fokhagymát és a hagymát, keverjük össze és pároljuk 5 percig.
2. Adjuk hozzá a zöldbab és a petrezselyem kivételével a többi hozzávalót, keverjük össze, forraljuk fel és főzzük 20 percig.
3. Adjuk hozzá a petrezselymet, keverjük össze, osszuk tálakba a levest és tálaljuk.

Táplálás: kalória 87, zsír 2,7, rost 5,5, szénhidrát 14, fehérje 4,1

Avokádó, spenót és olíva saláta

Elkészítési idő: 5 perc
Főzési idő: 0 perc
Adagok: 4

Tartalom:
- 2 evőkanál balzsamecet
- 2 evőkanál menta, apróra vágva
- Egy csipet fekete bors
- 1 avokádó, meghámozva, kimagozva és felszeletelve
- 4 csésze bébispenót
- 1 csésze fekete olajbogyó, kimagozva és félbe vágva
- 1 uborka, szeletelve
- 1 evőkanál olívaolaj

Utasítás:
1. Keverje össze az avokádót a spenóttal és a többi hozzávalóval egy salátástálban, keverje össze és tálalja ebédre.

Táplálás: kalória 192, zsír 17,1, rost 5,7, szénhidrát 10,6, fehérje 2,7

Marhahús és cukkinis serpenyő

Elkészítési idő: 5 perc
Főzési idő: 20 perc
Adagok: 4

Tartalom:
- 1 kiló marhahús, darált
- ½ csésze sárgahagyma, apróra vágva
- 1 evőkanál olívaolaj
- 1 csésze cukkini, kockára vágva
- 2 gerezd fokhagyma, felaprítva
- 14 uncia konzerv paradicsom, só nélkül, apróra vágva
- 1 teáskanál olasz fűszer
- ¼ csésze zsírszegény parmezán, reszelve
- 1 evőkanál metélőhagyma, apróra vágva
- 1 evőkanál koriander, apróra vágva

Utasítás:
1. Melegíts fel egy serpenyőt olajjal közepes lángon, add hozzá a fokhagymát, a hagymát és a marhahúst, és pirítsd 5 percig.
2. Hozzáadjuk a többi hozzávalót, összekeverjük, további 15 percig főzzük, tálakba osztjuk és ebédre tálaljuk.

Táplálás: kalória 276, zsír 11,3, rost 1,9, szénhidrát 6,8, fehérje 36

Kakukkfű marhahús és burgonya keverék

Elkészítési idő: 10 perc
Főzési idő: 25 perc
Adagok: 4

Tartalom:
- ½ kiló marhahús, darált
- 3 evőkanál olívaolaj
- 1 és ¾ font vörösburgonya, meghámozva és durvára vágva
- 1 db sárgahagyma apróra vágva
- 2 teáskanál kakukkfű, szárítva
- 1 csésze paradicsomkonzerv, sózatlanul és apróra vágva
- Egy csipet fekete bors

Utasítás:
1. Melegíts fel egy serpenyőt olajjal közepes lángon, add hozzá a hagymát és a marhahúst, keverd össze és pirítsd 5 percig.
2. Hozzáadjuk a burgonyát és a többi hozzávalót, összekeverjük, felforraljuk, további 20 percig főzzük, tálakba osztjuk és ebédre tálaljuk.

Táplálás: kalória 216, zsír 14,5, rost 5,2, szénhidrát 40,7, fehérje 22,2

Sertés és sárgarépa leves

Elkészítési idő: 10 perc
Főzési idő: 25 perc
Adagok: 4

Tartalom:
- 1 evőkanál olívaolaj
- 1 vöröshagyma, apróra vágva
- 1 kiló sertéspörkölt, kockára vágva
- 1 liter alacsony nátriumtartalmú marhahúsleves
- 1 kiló sárgarépa, szeletelve
- 1 csésze paradicsompüré
- 1 evőkanál koriander, apróra vágva

Utasítás:
1. Melegítsük fel az olajat egy serpenyőben, közepes lángon, adjuk hozzá a hagymát és a húst, és pirítsuk 5 percig.
2. Adjuk hozzá a többi hozzávalót a koriander kivételével, forraljuk fel, mérsékeljük a hőt közepesre, és pároljuk a levest 20 percig.
3. Tálkákba osztva, korianderrel megszórva tálaljuk ebédre.

Táplálás: kalória 354, zsír 14,6, rost 4,6, szénhidrát 19,3, fehérje 36

Garnélarák és eper saláta

Elkészítési idő: 5 perc
Főzési idő: 7 perc
Adagok: 4

Tartalom:
- 1 csésze kukorica
- 1 endívia, apróra vágva
- 1 csésze bébispenót
- 1 font garnélarák, meghámozva és kivágva
- 2 gerezd fokhagyma, felaprítva
- 1 evőkanál citromlé
- 2 csésze eper, félbevágva
- 2 evőkanál olívaolaj
- 2 evőkanál balzsamecet
- 1 evőkanál koriander, apróra vágva

Utasítás:
1. Melegíts fel egy serpenyőt közepesen magas lángon, add hozzá a fokhagymát és pirítsd 1 percig. Adjuk hozzá a garnélarákot és a citromlevet, dobjuk fel, és süssük mindkét oldalát 3 percig.
2. Egy salátástálban keverjük össze a garnélarákot kukoricával, cikóriával és egyéb hozzávalókkal, keverjük össze és tálaljuk ebédre.

Táplálás: kalória 260, zsír 9,7, rost 2,9, szénhidrát 16,5, fehérje 28

Garnélarák és zöldbab saláta

Elkészítési idő: 5 perc
Főzési idő: 10 perc
Adagok: 4

Tartalom:
- 1 kiló zöldbab vágva és félbevágva
- 2 evőkanál olívaolaj
- 2 kiló garnélarák, meghámozva és kifőzve
- 1 evőkanál citromlé
- 2 csésze koktélparadicsom félbevágva
- ¼ csésze málnaecet
- Egy csipet fekete bors

Utasítás:
1. Melegíts fel egy serpenyőt olajjal közepes lángon, add hozzá a garnélarákot, dobd fel és főzd 2 percig.
2. Hozzáadjuk a zöldbabot és a többi hozzávalót, összekeverjük, további 8 percig főzzük, tálakba osztjuk és ebédre tálaljuk.

Táplálás: kalória 385, zsír 11,2, rost 5, szénhidrát 15,3, fehérje 54,5

hal taco

Elkészítési idő: 10 perc
Főzési idő: 10 perc
Adagok: 2

Tartalom:

- 4 teljes kiőrlésű taco héj
- 1 evőkanál könnyű majonéz
- 1 evőkanál salsa
- 1 evőkanál zsírszegény mozzarella, reszelve
- 1 evőkanál olívaolaj
- 1 vöröshagyma, apróra vágva
- 1 evőkanál koriander, apróra vágva
- 2 tőkehalfilé, csont nélkül, bőr nélkül és kockákra vágva
- 1 evőkanál paradicsompüré

Utasítás:

1. Melegíts fel egy serpenyőt olajjal közepes lángon, add hozzá a hagymát, keverd össze és főzd 2 percig.
2. Adjuk hozzá a halat és a paradicsompürét, óvatosan keverjük össze, és főzzük további 5 percig.
3. Ezt öntsük taco kagylóba, vágjuk szét a majonézt, a salsát és a sajtot is, és tálaljuk ebédre.

Táplálás: kalória 466, zsír 14,5, rost 8, szénhidrát 56,6, fehérje 32,9

Sütőtök torta

Elkészítési idő: 10 perc
Főzési idő: 10 perc
Adagok: 4

Tartalom:
- 1 db sárgahagyma apróra vágva
- 2 cukkini, lereszelve
- 2 evőkanál mandulaliszt
- 1 tojás, felvert
- 1 gerezd fokhagyma, felaprítva
- Egy csipet fekete bors
- 1/3 csésze sárgarépa, lereszelve
- 1/3 csésze zsírszegény cheddar, lereszelve
- 1 evőkanál koriander, apróra vágva
- 1 teáskanál citromhéj, lereszelve
- 2 evőkanál olívaolaj

Utasítás:
1. Egy tálban összedolgozzuk a cukkinit a fokhagymával, a hagymával és az olaj kivételével a többi hozzávalóval, jól összekeverjük, és ebből a keverékből közepes méretű süteményeket készítünk.
2. Melegíts fel egy serpenyőt közepesen erős lángon, tedd bele a cukkinis muffinokat, süsd mindkét oldalát 5 percig, tányérokra osztva köretes salátával tálald.

Táplálás: kalória 271, zsír 8,7, rost 4, szénhidrát 14,3, fehérje 4,6

Csicseriborsó és paradicsomos rakott

Elkészítési idő: 10 perc
Főzési idő: 20 perc
Adagok: 4

Tartalom:
- 1 evőkanál olívaolaj
- 1 db sárgahagyma apróra vágva
- 2 teáskanál paprika
- 14 uncia konzerv csicseriborsó, só nélkül, leszűrjük és leöblítjük
- 14 uncia paradicsomkonzerv, só nélkül, felkockázva
- 1 csésze alacsony nátriumtartalmú csirkehúsleves
- 1 evőkanál koriander, apróra vágva
- Egy csipet fekete bors

Utasítás:
1. Melegítsük fel az olajat egy serpenyőben közepes lángon, adjuk hozzá a hagymát és a chiliport, keverjük össze és főzzük 5 percig.
2. Hozzáadjuk a csicseriborsót és a többi hozzávalót, összekeverjük, közepes lángon 15 percig főzzük, tálakba osztjuk és ebédre tálaljuk.

Táplálás: kalória 299, zsír 13,2, rost 4,7, szénhidrát 17,2, fehérje 8,1

Csirke, paradicsom és spenót saláta

Elkészítési idő: 10 perc
Főzési idő: 0 perc
Adagok: 4

Tartalom:
- 1 evőkanál olívaolaj
- Egy csipet fekete bors
- 2 csirke döner, bőr nélkül, csont nélkül, darálva
- 1 kiló koktélparadicsom félbevágva
- 1 vöröshagyma, apróra vágva
- 4 csésze bébispenót
- ¼ csésze dió, apróra vágva
- ½ teáskanál citromhéj, lereszelve
- 2 evőkanál citromlé

Utasítás:
1. Keverje össze a csirkét paradicsommal és más összetevőkkel egy salátástálban, keverje össze és tálalja ebédre.

Táplálás: kalória 349, zsír 8,3, rost 5,6, szénhidrát 16,9, fehérje 22,8

Spárga és paprika tálak

Elkészítési idő: 10 perc
Főzési idő: 20 perc
Adagok: 4

Tartalom:
- 3 gerezd fokhagyma, felaprítva
- 2 evőkanál olívaolaj
- 1 vöröshagyma, apróra vágva
- 3 sárgarépa, szeletelve
- ½ csésze alacsony nátriumtartalmú csirke alaplé
- 2 csésze bébispenót
- 1 kiló spárga, vágva és félbevágva
- 1 piros kaliforniai paprika csíkokra vágva
- 1 sárga kaliforniai paprika csíkokra vágva
- 1 zöld kaliforniai paprika, csíkokra vágva
- Egy csipet fekete bors

Utasítás:
1. Melegíts fel egy serpenyőt olajjal közepes lángon, add hozzá a hagymát és a fokhagymát, keverd össze és pirítsd 2 percig.
2. Adjuk hozzá a spárga és a spenót kivételével a többi hozzávalót, keverjük össze és főzzük 15 percig.
3. Hozzáadjuk a spenótot, még 3 percig főzzük az egészet, tálakba osztjuk és ebédre tálaljuk.

Táplálás: kalória 221, zsír 11,2, rost 3,4, szénhidrát 14,3, fehérje 5,9

Forró marhapörkölt

Elkészítési idő: 10 perc
Főzési idő:1 óra 20 perc

Adagok: 4

Tartalom:
- 1 kiló marhapörkölt, kockára vágva
- 1 csésze sózatlan paradicsomszósz
- 1 csésze alacsony nátriumtartalmú marhahúsleves
- 1 evőkanál olívaolaj
- 1 db sárgahagyma apróra vágva
- ¼ teáskanál forró szósz
- 1 teáskanál hagymapor
- 1 teáskanál fokhagyma por
- 1 evőkanál koriander, apróra vágva

Utasítás:
1. Melegítsük fel az olajat egy serpenyőben közepes-nagy lángon, adjuk hozzá a húst és a hagymát, keverjük össze és pirítsuk 5 percig.
2. Adjuk hozzá a paradicsomszószt és a többi hozzávalót, forraljuk fel és főzzük 1 óra 15 percig közepes lángon.
3. Tálkákba osztjuk és ebédre tálaljuk.

Táplálás:kalória 487, zsír 15,3, rost 5,8, szénhidrát 56,3, fehérje 15

Gombás sertésszelet

Elkészítési idő: 5 perc
Főzési idő: 8 óra 10 perc

Adagok: 4

Tartalom:
- 4 sertésszelet
- 1 evőkanál olívaolaj
- 2 medvehagyma, apróra vágva
- 1 kiló fehér gomba, szeletelve
- ½ csésze alacsony nátriumtartalmú marhahúsleves
- 1 evőkanál rozmaring, apróra vágva
- ¼ teáskanál fokhagymapor
- 1 teáskanál édes paprika

Utasítás:
1. Melegítsünk fel egy serpenyőt olajjal közepesen magas lángon, adjuk hozzá a sertéskarajt és a medvehagymát, dobjuk fel, pirítsuk 10 percig, és tegyük át lassú tűzhelyre.
2. Adjuk hozzá a többi hozzávalót, zárjuk le a fedőt, és főzzük alacsony fokozaton 8 órán át.
3. A sertéskarajt és a gombát tányérokra osztjuk, és ebédre tálaljuk.

Táplálás: kalória 349, zsír 24, rost 5,6, szénhidrát 46,3, fehérje 17,5

Koriander garnéla saláta

Elkészítési idő: 10 perc
Főzési idő: 8 perc
Adagok: 4

Tartalom:
- 1 evőkanál olívaolaj
- 1 vöröshagyma, szeletelve
- 1 font garnélarák, meghámozva és kivágva
- 2 csésze bébi rukkola
- 1 evőkanál balzsamecet
- 1 evőkanál citromlé
- 1 evőkanál koriander, apróra vágva
- Egy csipet fekete bors

Utasítás:
1. Melegíts fel egy serpenyőt olajjal közepes lángon, add hozzá a hagymát, keverd össze és párold 2 percig.
2. Adjuk hozzá a garnélarákot és a többi hozzávalót, keverjük össze, főzzük 6 percig, osszuk tálakba és tálaljuk ebédre.

Táplálás: kalória 341, zsír 11,5, rost 3,8, szénhidrát 17,3, fehérje 14,3

padlizsán pörkölt

Elkészítési idő: 5 perc
Főzési idő: 20 perc
Adagok: 4

Tartalom:
- 1 kiló padlizsán, durván felkockázva
- 2 gerezd fokhagyma, felaprítva
- 2 evőkanál olívaolaj
- 1 db sárgahagyma apróra vágva
- 1 teáskanál édes paprika
- ½ csésze koriander, apróra vágva
- 14 uncia alacsony nátriumtartalmú paradicsomkonzerv, kockára vágva
- 1 evőkanál koriander, apróra vágva

Utasítás:
1. Melegíts fel egy serpenyőt olajjal közepes lángon, add hozzá a hagymát és a fokhagymát, és pirítsd 2 percig.
2. Adjunk hozzá más összetevőket, kivéve a padlizsánt és a koriandert, forraljuk fel, és főzzük 18 percig.
3. Tálkákba osztjuk, és petrezselyemmel meghintve tálaljuk.

Táplálás:kalória 343, zsír 12,3, rost 3,7, szénhidrát 16,56, fehérje 7,2

Marha és borsó keverék

Elkészítési idő: 10 perc
Főzési idő: 30 perc
Adagok: 4

Tartalom:

- 1 és ¼ csésze alacsony nátriumtartalmú marhahúsleves
- 1 db sárgahagyma apróra vágva
- 1 evőkanál olívaolaj
- 2 csésze borsó
- 1 kiló marhapörkölt, kockára vágva
- 1 csésze paradicsomkonzerv, sózatlanul és apróra vágva
- 1 csésze újhagyma, apróra vágva
- ¼ csésze petrezselyem, apróra vágva
- Fekete bors ízű

Utasítás:

1. Melegítsük fel az olajat egy serpenyőben, közepes lángon, adjuk hozzá a hagymát és a húst, és pirítsuk 5 percig.
2. Adjuk hozzá a borsót és a többi hozzávalót, keverjük össze, forraljuk fel és főzzük további 25 percig közepes lángon.
3. A keveréket tálakba osztjuk és ebédre tálaljuk.

Táplálás: kalória 487, zsír 15,4, rost 4,6, szénhidrát 44,6, fehérje 17,8

pulykapörkölt

Elkészítési idő: 5 perc
Főzési idő: 30 perc
Adagok: 4

Tartalom:
- 2 evőkanál olívaolaj
- 1 pulykamell bőr nélkül, csont nélkül és felkockázva
- 1 csésze alacsony nátriumtartalmú marhahúsleves
- 1 csésze paradicsompüré
- ¼ teáskanál citromhéj, lereszelve
- 1 db sárgahagyma apróra vágva
- 1 evőkanál édes paprika
- 1 evőkanál koriander, apróra vágva
- 2 evőkanál citromlé
- ¼ teáskanál gyömbér, reszelve

Utasítás:
1. Melegítsük fel az olajat egy serpenyőben, közepes lángon, adjuk hozzá a hagymát és a húst, és pirítsuk 5 percig.
2. Adjuk hozzá a húslevest és a többi hozzávalót, forraljuk fel és főzzük 25 percig közepes lángon.
3. A keveréket tálakba osztjuk és ebédre tálaljuk.

Táplálás: kalória 150, zsír 8,1, rost 2,7, szénhidrát 12, fehérje 9,5

Marha saláta

Elkészítési idő: 10 perc
Főzési idő: 30 perc
Adagok: 4

Tartalom:
- 1 kiló marhapörkölt, csíkokra vágva
- 1 evőkanál zsálya, apróra vágva
- 1 evőkanál olívaolaj
- Egy csipet fekete bors
- ½ teáskanál kömény, őrölt
- 2 csésze koktélparadicsom, felkockázva
- 1 avokádó, meghámozva, kimagozva és felkockázva
- 1 csésze konzerv feketebab, só nélkül, lecsepegtetjük és leöblítjük
- ½ csésze zöldhagyma, apróra vágva
- 2 evőkanál citromlé
- 2 evőkanál balzsamecet
- 2 evőkanál koriander, apróra vágva

Utasítás:
1. Egy serpenyőt olajjal felhevítünk közepesen erős lángon, hozzáadjuk a húst, és 5 percig sütjük.
2. Adjuk hozzá a zsályát, a fekete borsot és a köményt, keverjük össze és főzzük további 5 percig.
3. Adjuk hozzá a többi hozzávalót, forgassuk össze, mérsékeljük a hőt közepesre, és pároljuk 20 percig.
4. A salátát tálakba osztjuk, és ebédre tálaljuk.

Táplálás:kalória 536, zsír 21,4, rost 12,5, szénhidrát 40,4, fehérje 47

sütőtök ragu

Elkészítési idő: 10 perc
Főzési idő: 20 perc
Adagok: 4

Tartalom:

- 1 kiló cukkini meghámozva és durvára felkockázva
- 1 csésze alacsony nátriumtartalmú csirkehúsleves
- 1 csésze paradicsomkonzerv, sózatlan, összetörve
- 1 evőkanál olívaolaj
- 1 vöröshagyma, apróra vágva
- 2 narancssárga édes paprika apróra vágva
- ½ csésze quinoa
- ½ evőkanál metélőhagyma, apróra vágva

Utasítás:

1. Melegíts fel egy serpenyőt olajjal közepes lángon, add hozzá a hagymát, keverd össze és párold 2 percig.
2. Adjuk hozzá a cukkinit és a többi hozzávalót, forraljuk fel és főzzük 15 percig.
3. A pörköltet összekeverjük, tálkákba osztjuk és ebédre tálaljuk.

Táplálás: kalória 166, zsír 5,3, rost 4,7, szénhidrát 26,3, fehérje 5,9

Káposzta és marhahús keverék

Elkészítési idő: 10 perc
Főzési idő: 20 perc
Adagok: 4

Tartalom:
- 1 fej zöld káposzta apróra vágva
- ¼ csésze alacsony nátriumtartalmú marhahúsleves
- 2 paradicsom, felkockázva
- 2 sárga hagyma, apróra vágva
- ½ csésze piros kaliforniai paprika, apróra vágva
- 1 evőkanál olívaolaj
- 1 kiló marhahús, darált
- ¼ csésze koriander, apróra vágva
- ¼ csésze zöldhagyma, apróra vágva
- ¼ teáskanál paprika, törve

Utasítás:
1. Egy serpenyőt olajjal felhevítünk közepes lángon, hozzáadjuk a húst és a hagymát, összekeverjük és 5 percig pirítjuk.
2. Hozzáadjuk a káposztát és a többi hozzávalót, összekeverjük, 15 percig főzzük, tálakba osztjuk és ebédre tálaljuk.

Táplálás: kalória 328, zsír 11, rost 6,9, szénhidrát 20,1, fehérje 38,3

Sertés és zöldbab rakott

Elkészítési idő: 5 perc
Főzési idő: 8 óra 10 perc

Adagok: 4

Tartalom:
- 1 kiló sertéspörkölt, kockára vágva
- 1 evőkanál olívaolaj
- ½ font zöldbab, vágva és félbevágva
- 2 sárga hagyma, apróra vágva
- 2 gerezd fokhagyma, felaprítva
- 2 csésze alacsony nátriumtartalmú marhahúsleves
- 8 uncia paradicsomszósz
- Egy csipet fekete bors
- Egy csipet szegfűbors, őrölt
- 1 evőkanál rozmaring, apróra vágva

Utasítás:
1. Egy serpenyőt olajjal felhevítünk közepesen erős lángon, hozzáadjuk a húst, a fokhagymát és a hagymát, összekeverjük és 10 percig pirítjuk.
2. Tegyük át lassú tűzhelyre, adjuk hozzá a többi hozzávalót, fedjük le és főzzük alacsony fokozaton 8 órán át.
3. A csirkét tálakba osztjuk és tálaljuk.

Táplálás: kalória 334, zsír 14,8, rost 4,4, szénhidrát 13,3, fehérje 36,7

Sütőtök krémleves

Elkészítési idő: 10 perc
Főzési idő: 20 perc
Adagok: 4

Tartalom:

- 1 evőkanál olívaolaj
- 1 db sárgahagyma apróra vágva
- 1 teáskanál gyömbér, reszelve
- 1 kiló cukkini, apróra vágva
- 32 uncia alacsony nátriumtartalmú csirkeleves
- 1 csésze kókuszkrém
- 1 evőkanál kapor, apróra vágva

Utasítás:
1. Melegíts fel egy serpenyőt olajjal közepes lángon, add hozzá a hagymát és a gyömbért, keverd össze és főzd 5 percig.
2. Hozzáadjuk a cukkinit és a többi hozzávalót, és közepes lángon 15 percig főzzük.
3. Turmixgéppel turmixoljuk, tálakba osztjuk és tálaljuk.

Táplálás: kalória 293, zsír 12,3, rost 2,7, szénhidrát 11,2, fehérje 6,4

Garnélarák és szőlő saláta

Elkészítési idő: 5 perc
Főzési idő: 0 perc
Adagok: 4

Tartalom:
- 2 evőkanál zsírszegény majonéz
- 2 teáskanál paprika
- Egy csipet fekete bors
- 1 font garnélarák, főzve, meghámozva és kifőzve
- 1 csésze vörös szőlő, félbevágva
- ½ csésze újhagyma, apróra vágva
- ¼ csésze dió, apróra vágva
- 1 evőkanál koriander, apróra vágva

Utasítás:
1. Egy salátástálban keverjük össze a garnélarákot a chilipehellyel és a többi hozzávalóval, keverjük össze és tálaljuk ebédre.

Táplálás: kalória 298, zsír 12,3, rost 2,6, szénhidrát 16,2, fehérje 7,8

Kurkuma sárgarépa krém

Elkészítési idő: 5 perc
Főzési idő: 25 perc
Adagok: 4

Tartalom:
- 2 evőkanál olívaolaj
- 1 db sárgahagyma apróra vágva
- 1 font sárgarépa, meghámozva és apróra vágva
- 1 teáskanál kurkuma por
- 4 zellerszár, apróra vágva
- 5 csésze alacsony nátriumtartalmú csirkehúsleves
- Egy csipet fekete bors
- 1 evőkanál koriander, apróra vágva

Utasítás:
1. Melegíts fel egy serpenyőt olajjal közepes lángon, add hozzá a hagymát, keverd össze és párold 2 percig.
2. Adjuk hozzá a sárgarépát és a többi hozzávalót, forraljuk fel és főzzük 20 percig közepes lángon.
3. A levest botmixerrel turmixoljuk össze, öntsük tálakba és tálaljuk.

Táplálás: kalória 221, zsír 9,6, rost 4,7, szénhidrát 16, fehérje 4,8

Marha- és feketebableves

Elkészítési idő: 10 perc
Főzési idő: 1 óra 40 perc

Adagok: 4

Tartalom:
- 1 csésze konzerv feketebab, sózatlanul és lecsepegtetve
- 7 csésze alacsony nátriumtartalmú marhahúsleves
- 1 zöld kaliforniai paprika, apróra vágva
- 1 evőkanál olívaolaj
- 1 kiló marhapörkölt, kockára vágva
- 1 db sárgahagyma apróra vágva
- 3 gerezd fokhagyma, felaprítva
- 1 csípős paprika, apróra vágva
- 1 burgonya, kockára vágva
- Egy csipet fekete bors
- 1 evőkanál koriander, apróra vágva

Utasítás:
1. Melegíts fel egy serpenyőt olajjal közepes lángon, add hozzá a hagymát, a fokhagymát és a húst, és pirítsd 5 percig.
2. Hozzáadjuk a babot és a koriander kivételével a többi hozzávalót, felforraljuk, és közepes lángon 1 óra 35 percig főzzük.
3. Adjuk hozzá a koriandert, öntsük tálakba a levest és tálaljuk.

Táplálás: kalória 421, zsír 17,3, rost 3,8, szénhidrát 18,8, fehérje 23,5

Lazac és garnélarák tálak

Elkészítési idő: 10 perc
Főzési idő: 13 perc
Adagok: 4

Tartalom:

- ½ font füstölt lazac, csont nélkül, bőr nélkül és kockákra vágva
- ½ font garnélarák, meghámozva és kivágva
- 1 evőkanál olívaolaj
- 1 vöröshagyma, apróra vágva
- ¼ csésze paradicsom, kockára vágva
- ½ csésze könnyű salsa
- 2 evőkanál koriander, apróra vágva

Utasítás:

1. Melegíts fel egy serpenyőt olajjal közepes lángon, add hozzá a lazacot, dobd fel és főzd 5 percig.
2. Hozzáadjuk a hagymát, a garnélarákot és a többi hozzávalót, és további 7 percig főzzük, tálakba osztjuk és tálaljuk.

Táplálás: kalória 251, zsír 11,4, rost 3,7, szénhidrát 12,3, fehérje 7,1

Csirke és fokhagyma szósz

Elkészítési idő: 5 perc
Főzési idő: 20 perc
Adagok: 4

Tartalom:
- 1 evőkanál olívaolaj
- 1 db sárgahagyma apróra vágva
- Egy csipet fekete bors
- 1 kiló csirkemell, bőr nélkül, csont nélkül és felkockázva
- 4 gerezd fokhagyma, felaprítva
- 1 csésze alacsony nátriumtartalmú csirkehúsleves
- 2 csésze kókuszkrém
- 1 evőkanál bazsalikom, apróra vágva
- 1 evőkanál metélőhagyma, apróra vágva

Utasítás:
1. Melegíts fel egy serpenyőt olajjal közepes lángon, add hozzá a fokhagymát, a hagymát és a húst, dobd fel és pirítsd 5 percig.
2. Adjuk hozzá a húslevest és a többi hozzávalót, forraljuk fel és főzzük 15 percig közepes lángon.
3. A keveréket tányérokra osztjuk és tálaljuk.

Táplálás: kalória 451, zsír 16,6, rost 0, szénhidrát 34,4, fehérje 34,5

Kurkuma csirke és padlizsán rakott

Elkészítési idő: 5 perc
Főzési idő: 20 perc
Adagok: 4

Tartalom:
- 1 kiló csirkemell, bőr nélkül, csont nélkül és felkockázva
- 2 medvehagyma, apróra vágva
- 1 evőkanál olívaolaj
- 1 padlizsán, felkockázva
- 1 csésze sózatlan és összetört paradicsomkonzerv
- 1 evőkanál citromlé
- Egy csipet fekete bors
- ¼ teáskanál gyömbér, őrölt
- 1 evőkanál koriander, apróra vágva

Utasítás:
1. Melegíts fel egy serpenyőt olajjal közepes lángon, add hozzá a medvehagymát és a csirkét, és pirítsd 5 percig.
2. Adjuk hozzá a többi hozzávalót, forraljuk fel és főzzük további 15 percig közepes lángon.
3. Tálkákba osztjuk és ebédre tálaljuk.

Táplálás: kalória 441, zsír 14,6, rost 4,9, szénhidrát 44,4, fehérje 16,9

Csirke és endívia keverék

Elkészítési idő: 5 perc
Főzési idő: 20 perc
Adagok: 4

Tartalom:
- 1 kiló csirkecomb, csont nélkül, bőr nélkül és felkockázva
- 2 endívia, apróra vágva
- 1 csésze alacsony nátriumtartalmú csirkehúsleves
- 1 evőkanál olívaolaj
- 1 db sárgahagyma apróra vágva
- 1 sárgarépa, szeletelve
- 2 gerezd fokhagyma, felaprítva
- 8 dkg paradicsomkonzerv, só nélkül, apróra vágva
- 1 evőkanál metélőhagyma, apróra vágva

Utasítás:
1. Melegíts fel egy serpenyőt olajjal közepes lángon, add hozzá a hagymát és a fokhagymát, és pirítsd 5 percig.
2. Hozzáadjuk a csirkét, és további 5 percig pirítjuk.
3. Hozzáadjuk a többi hozzávalót, felforraljuk, további 10 percig főzzük, tányérokra osztjuk és tálaljuk.

Táplálás:kalória 411, zsír 16,7, rost 5,9, szénhidrát 54,5, fehérje 24

pulyka leves

Elkészítési idő: 10 perc
Főzési idő: 40 perc
Adagok: 4

Tartalom:
- 1 pulykamell, bőr nélkül, csont nélkül, felkockázva
- 1 evőkanál sózatlan paradicsomszósz
- 1 evőkanál olívaolaj
- 2 sárga hagyma, apróra vágva
- 1 liter alacsony nátriumtartalmú csirkehúsleves
- 1 evőkanál kakukkfű, apróra vágva
- 2 sárgarépa, szeletelve
- 3 gerezd fokhagyma, felaprítva
- Egy csipet fekete bors

Utasítás:
1. Melegíts fel egy serpenyőt olajjal közepes lángon, add hozzá a hagymát és a fokhagymát, és pirítsd 5 percig.
2. Hozzáadjuk a húst, és további 5 percig pirítjuk.
3. Adjuk hozzá a többi hozzávalót, forraljuk fel és főzzük 30 percig közepes lángon.
4. A levest tálakba öntjük és tálaljuk.

Táplálás: kalória 321, zsír 14,5, rost 11,3, szénhidrát 33,7, fehérje 16

Türkiye és köményes brokkoli

Elkészítési idő: 10 perc
Főzési idő: 30 perc
Adagok: 4

Tartalom:
- 1 vöröshagyma, apróra vágva
- 1 kiló pulykamell, bőr nélkül, csont nélkül és kockára vágva
- 2 csésze brokkoli rózsa
- 1 teáskanál kömény, őrölt
- 3 gerezd fokhagyma, felaprítva
- 2 evőkanál olívaolaj
- 14 uncia kókusztej
- Egy csipet fekete bors
- ¼ csésze koriander, apróra vágva

Utasítás:
1. Melegíts fel egy serpenyőt olajjal közepes lángon, add hozzá a hagymát és a fokhagymát, keverd össze és pirítsd 5 percig.
2. Hozzáadjuk a pulykát, összeforgatjuk és 5 percig pirítjuk.
3. Adjuk hozzá a brokkolit és a többi hozzávalót, forraljuk fel közepes lángon, és főzzük 20 percig.
4. A keveréket tányérokra osztjuk és tálaljuk.

Táplálás: kalória 438, zsír 32,9, rost 4,7, szénhidrát 16,8, fehérje 23,5

szegfűszeg csirke

Elkészítési idő: 10 perc
Főzési idő: 30 perc
Adagok: 4

Tartalom:

- 1 kiló csirkemell, bőr nélkül, csont nélkül és felkockázva
- 1 csésze alacsony nátriumtartalmú csirkehúsleves
- 1 evőkanál avokádó olaj
- 2 teáskanál szegfűszeg, őrölt
- 1 db sárgahagyma apróra vágva
- 2 teáskanál édes paprika
- 3 paradicsom, felkockázva
- Egy csipet só és bors
- ½ csésze petrezselyem, apróra vágva

Utasítás:

1. Melegíts fel egy serpenyőt olajjal közepes lángon, add hozzá a hagymát és pirítsd 5 percig.
2. Hozzáadjuk a csirkét, és további 5 percig pirítjuk.
3. Adjuk hozzá a húslevest és a többi hozzávalót, forraljuk fel és főzzük további 20 percig közepes lángon.
4. A keveréket tányérokra osztjuk és tálaljuk.

Táplálás: kalória 324, zsír 12,3, rost 5, szénhidrát 33,10, fehérje 22,4

Gyömbéres articsóka csirke

Elkészítési idő: 10 perc
Főzési idő: 30 perc
Adagok: 4

Tartalom:
- 2 csirkemell bőr nélkül, csont nélkül és félbevágva
- 1 evőkanál gyömbér, lereszelve
- 1 csésze paradicsomkonzerv, só nélkül, apróra vágva
- 10 uncia konzerv articsóka, só nélkül, leszűrjük és negyedeljük
- 2 evőkanál citromlé
- 2 evőkanál olívaolaj
- Egy csipet fekete bors

Utasítás:
1. Melegíts fel egy serpenyőt olajjal közepes lángon, add hozzá a gyömbért és az articsókát, dobd fel és főzd 5 percig.
2. Adjuk hozzá a csirkét, és főzzük további 5 percig.
3. Hozzáadjuk a többi hozzávalót, felforraljuk és további 20 percig főzzük.
4. Mindent szétosztunk a tányérok között, és tálaljuk.

Táplálás: kalória 300, zsír 14,5, rost 5,3, szénhidrát 16,4, fehérje 15,1

Pulyka és bors keverék

Elkészítési idő: 10 perc
Főzési idő: 30 perc
Adagok: 4

Tartalom:
- ½ evőkanál fekete bors
- 1 evőkanál olívaolaj
- 1 kiló pulykamell, bőr nélkül, csont nélkül és kockára vágva
- 1 csésze alacsony nátriumtartalmú csirkehúsleves
- 3 gerezd fokhagyma, felaprítva
- 2 paradicsom, felkockázva
- Egy csipet fekete bors
- 2 evőkanál újhagyma apróra vágva

Utasítás:
1. Melegíts fel egy serpenyőt olajjal közepes lángon, add hozzá a fokhagymát és a pulykát, és pirítsd 5 percig.
2. Adjuk hozzá a paprikát és a többi hozzávalót, forraljuk fel és főzzük 25 percig közepes lángon.
3. A keveréket tányérokra osztjuk és tálaljuk.

Táplálás: kalória 313, zsír 13,3, rost 7, szénhidrát 23,4, fehérje 16

Csirkecomb és rozmaring zöldségek

Elkészítési idő: 10 perc
Főzési idő: 40 perc
Adagok: 4

Tartalom:
- 2 kiló csirkemell, bőr nélkül, csont nélkül és felkockázva
- 1 sárgarépa, kockára vágva
- 1 zellerszár, apróra vágva
- 1 paradicsom, felkockázva
- 2 kisebb vöröshagyma, szeletelve
- 1 cukkini, felkockázva
- 2 gerezd fokhagyma, felaprítva
- 1 evőkanál rozmaring, apróra vágva
- 2 evőkanál olívaolaj
- Fekete bors ízű
- ½ csésze alacsony nátriumtartalmú zöldségleves

Utasítás:
1. Melegíts fel egy serpenyőt olajjal közepes lángon, add hozzá a hagymát és a fokhagymát, keverd össze és pirítsd 5 percig.
2. Hozzáadjuk a csirkét, összeforgatjuk és további 5 percig pirítjuk.
3. Adjuk hozzá a sárgarépát és a többi hozzávalót, keverjük össze, forraljuk fel és főzzük 30 percig közepes lángon.
4. A keveréket tányérokra osztjuk és tálaljuk.

Táplálás: kalória 325, zsír 22,5, rost 6,1, szénhidrát 15,5, fehérje 33,2

Csirke sárgarépával és káposztával

Elkészítési idő: 10 perc
Főzési idő: 25 perc
Adagok: 4

Tartalom:
- 1 kiló csirkemell, bőr nélkül, csont nélkül és felkockázva
- 2 evőkanál olívaolaj
- 2 sárgarépa, meghámozva és lereszelve
- 1 teáskanál édes paprika
- ½ csésze alacsony nátriumtartalmú zöldségleves
- 1 fej vörös káposzta apróra vágva
- 1 db sárgahagyma apróra vágva
- Fekete bors ízű

Utasítás:
1. Melegíts fel egy serpenyőt olajjal közepes lángon, add hozzá a hagymát, keverd össze és pirítsd 5 percig.
2. Hozzáadjuk a húst, és további 5 percig pirítjuk.
3. Adjuk hozzá a sárgarépát és a többi hozzávalót, keverjük össze, forraljuk fel és főzzük 15 percig közepes lángon.
4. Mindent szétosztunk a tányérok között, és tálaljuk.

Táplálás: kalória 370, zsír 22,2, rost 5,2, szénhidrát 44,2, fehérje 24,2

Padlizsános és pulykás szendvics

Elkészítési idő: 10 perc
Főzési idő: 25 perc
Adagok: 4

Tartalom:
- 1 pulykamell bőr nélkül, csont nélkül és 4 részre vágva
- 1 padlizsán, 4 szeletre vágva
- Fekete bors ízű
- 1 evőkanál olívaolaj
- 1 evőkanál kakukkfű, apróra vágva
- ½ csésze alacsony nátriumtartalmú paradicsomszósz
- ½ csésze alacsony zsírtartalmú cheddar sajt, reszelve
- 4 szelet teljes kiőrlésű kenyér

Utasítás:

1. Melegíts fel egy grillsütőt közepes lángon, tedd bele a pulykaszeleteket, csepegtesd rá az olaj felét, szórd meg fekete borssal, süsd 8 percig mindkét oldalát, és tedd ki egy tányérra.
2. A padlizsánszeleteket a felforrósított grillre helyezzük, a maradék olajjal meglocsoljuk, fekete borssal ízesítjük, mindkét oldalát 4 percig sütjük, majd a pulykaszeletekkel együtt a tányérra tesszük.
3. Terítsünk ki 2 szelet kenyeret egy munkapadon, válasszunk sajtot mindegyikre, osszuk rá a padlizsánszeleteket és a pulykaszeleteket, szórjuk meg kakukkfűvel, öntsük le mártással, és zárjuk le a másik 2 kenyérszeletet.
4. A szendvicseket tányérokra osztjuk és tálaljuk.

Táplálás: kalória 280, zsír 12,2, rost 6, szénhidrát 14, fehérje 12

Egyszerű pulyka és cukkinis kenyér

Elkészítési idő: 10 perc
Főzési idő: 20 perc
Adagok: 4

Tartalom:
- 4 teljes kiőrlésű kenyér
- ½ csésze zsírmentes joghurt
- 1 kiló pulykamell bőr nélkül, csont nélkül és csíkokra vágva
- 1 evőkanál olívaolaj
- 1 vöröshagyma, szeletelve
- 1 cukkini, felkockázva
- 2 paradicsom, felkockázva
- Fekete bors ízű

Utasítás:
1. Melegíts fel egy serpenyőt olajjal közepes lángon, add hozzá a hagymát, keverd össze és pirítsd 5 percig.
2. Hozzáadjuk a cukkinit és a paradicsomot, összeforgatjuk, és további 2 percig főzzük.
3. Adjuk hozzá a pulykát, keverjük össze és főzzük további 13 percig.
4. Minden tortillára kenjük a joghurtot, hozzáadjuk a pulyka-cukkinis keveréket, feltekerjük, tányérokra osztjuk és tálaljuk.

Táplálás: kalória 290, zsír 13,4, rost 3,42, szénhidrát 12,5, fehérje 6,9

Csirke padlizsánnal és paprikával

Elkészítési idő: 10 perc
Főzési idő: 25 perc
Adagok: 4

Tartalom:
- 2 csirkemell bőr nélkül, csont nélkül és felkockázva
- 1 vöröshagyma, apróra vágva
- 2 evőkanál olívaolaj
- 1 padlizsán, felkockázva
- 1 piros kaliforniai paprika, felkockázva
- 1 sárga kaliforniai paprika, kockára vágva
- Fekete bors ízű
- 2 csésze kókusztej

Utasítás:
4. Melegíts fel egy serpenyőt olajjal közepes lángon, add hozzá a hagymát, keverd össze és főzd 3 percig.
5. Adjuk hozzá a paprikát, dobjuk ki és főzzük további 2 percig.
6. Hozzáadjuk a csirkét és a többi hozzávalót, összekeverjük, felforraljuk és további 20 percig főzzük közepes lángon.
7. Mindent szétosztunk a tányérok között, és tálaljuk.

Táplálás: kalória 310, zsír 14,7, rost 4, szénhidrát 14,5, fehérje 12,6

Balzsames sült pulyka

Elkészítési idő: 10 perc
Főzési idő: 40 perc
Adagok: 4

Tartalom:
- 1 nagy pulykamell, bőr nélkül, csont nélkül és felszeletelve
- 2 evőkanál balzsamecet
- 1 evőkanál olívaolaj
- 2 gerezd fokhagyma, felaprítva
- 1 evőkanál olasz fűszer
- Fekete bors ízű
- 1 evőkanál koriander, apróra vágva

Utasítás:
1. Keverje össze a pulykát ecettel, olajjal és egyéb hozzávalókkal egy tepsiben, dobja össze, tegye a sütőbe 400 F-ra, és süsse 40 percig.
2. Mindent tányérokra osztunk, és körethez salátával tálaljuk.

Táplálás: kalória 280, zsír 12,7, rost 3, szénhidrát 22,1, fehérje 14

Cheddar Turkey Mix

Elkészítési idő: 10 perc
Főzési idő: 1 óra
Adagok: 4

Tartalom:
- 1 kiló pulykamell, bőr nélkül, csont nélkül és szeletelve
- 2 evőkanál olívaolaj
- 1 csésze paradicsomkonzerv, só nélkül, apróra vágva
- Fekete bors ízű
- 1 csésze zsírmentes cheddar sajt, reszelve
- 2 evőkanál petrezselyem, apróra vágva

Utasítás:
1. Egy tepsit kikenünk növényi olajjal, a formába rendezzük a pulykaszeleteket, ráterítjük a paradicsomot, megszórjuk fekete borssal, megszórjuk sajttal és petrezselyemmel, 400 fokos sütőben 1 órát sütjük.
2. Mindent szétosztunk a tányérok között, és tálaljuk.

Táplálás: kalória 350, zsír 13,1, rost 4, szénhidrát 32,4, fehérje 14,65

parmezán Türkiye

Elkészítési idő: 10 perc
Főzési idő: 23 perc
Adagok: 4

Tartalom:

- 1 kiló pulykamell, bőr nélkül, csont nélkül és kockára vágva
- 1 evőkanál olívaolaj
- ½ csésze zsírszegény parmezán, reszelve
- 2 medvehagyma, apróra vágva
- 1 csésze kókusztej
- Fekete bors ízű

Utasítás:

1. Melegíts fel egy serpenyőt olajjal közepes lángon, adj hozzá medvehagymát, dobd fel és főzd 5 percig.
2. Adjuk hozzá a húst, a kókusztejet és a fekete borsot, és főzzük további 15 percig közepes lángon.
3. Hozzáadjuk a parmezánt, 2-3 percig főzzük, mindent tányérokra osztunk és tálaljuk.

Táplálás: kalória 320, zsír 11,4, rost 3,5, szénhidrát 14,3, fehérje 11,3

Krémes csirke és garnélarák keverék

Elkészítési idő: 10 perc
Főzési idő: 14 perc
Adagok: 4

Tartalom:
- 1 evőkanál olívaolaj
- 1 kiló csirkemell, bőr nélkül, csont nélkül és felkockázva
- ¼ csésze alacsony nátriumtartalmú csirkehúsleves
- 1 font garnélarák, meghámozva és kivágva
- ½ csésze kókuszkrém
- 1 evőkanál koriander, apróra vágva

Utasítás:
1. Melegíts fel egy serpenyőt olajjal közepes lángon, tedd bele a csirkemellet, dobd össze és süsd 8 percig.
2. Adjuk hozzá a garnélarákot és a többi hozzávalót, keverjük össze, főzzük további 6 percig, adagoljuk tálakba és tálaljuk.

Táplálás: kalória 370, zsír 12,3, rost 5,2, szénhidrát 12,6, fehérje 8

Bazsalikom pulyka és forró spárga keverék

Elkészítési idő: 10 perc
Főzési idő: 40 perc
Adagok: 4

Tartalom:
- 1 kiló pulykamell, bőr nélkül és csíkokra vágva
- 1 csésze kókuszkrém
- 1 csésze alacsony nátriumtartalmú csirkehúsleves
- 2 evőkanál petrezselyem, apróra vágva
- 1 csokor spárga, vágva és félbevágva
- 1 teáskanál paprika
- 2 evőkanál olívaolaj
- Egy csipet tengeri só és bors

Utasítás:
1. Melegíts fel egy serpenyőt olajjal közepes lángon, add hozzá a pulykahúst és egy kis fekete borsot, keverd össze és főzd 5 percig.
2. Adjuk hozzá a spárgát, a paprikát és a többi hozzávalót, keverjük össze és főzzük további 30 percig közepes lángon.
3. Mindent szétosztunk a tányérok között, és tálaljuk.

Táplálás: kalória 290, zsír 12,10, rost 4,6, szénhidrát 12,7, fehérje 24

Kesudió pulyka vegyes

Elkészítési idő: 10 perc
Főzési idő: 40 perc
Adagok: 4

Tartalom:
- 1 kiló pulykamell, bőr nélkül, csont nélkül és kockára vágva
- 1 csésze kesudió, apróra vágva
- 1 db sárgahagyma apróra vágva
- ½ evőkanál olívaolaj
- Fekete bors ízű
- ½ teáskanál édes paprika
- 2 és ½ evőkanál kesudióolaj
- ¼ csésze alacsony nátriumtartalmú csirkehúsleves
- 1 evőkanál koriander, apróra vágva

Utasítás:
1. Melegíts fel egy serpenyőt olajjal közepes lángon, add hozzá a hagymát, keverd össze és pirítsd 5 percig.
2. Hozzáadjuk a húst, és további 5 percig pirítjuk.
3. Adjuk hozzá a többi hozzávalót, keverjük össze, forraljuk fel és főzzük 30 percig közepes lángon.
4. Az egész keveréket tányérokra osztjuk és tálaljuk.

Táplálás: kalória 352, zsír 12,7, rost 6,2, szénhidrát 33,2, fehérje 13,5

Türkiye és Eper

Elkészítési idő: 10 perc
Főzési idő: 35 perc
Adagok: 4

Tartalom:
- 2 kiló pulykamell, bőr nélkül, csont nélkül és kockára vágva
- 1 evőkanál olívaolaj
- 1 vöröshagyma, apróra vágva
- 1 csésze áfonya
- 1 csésze alacsony nátriumtartalmú csirkehúsleves
- ¼ csésze koriander, apróra vágva
- Fekete bors ízű

Utasítás:
1. Melegítsük fel az olajat egy serpenyőben, közepes lángon, adjuk hozzá a hagymát, keverjük össze és pároljuk 5 percig.
2. Hozzáadjuk a húst, a gyümölcsöket és a többi hozzávalót, felforraljuk és további 30 percig főzzük közepes lángon.
3. A keveréket tányérokra osztjuk és tálaljuk.

Táplálás: kalória 293, zsír 7,3, rost 2,8, szénhidrát 14,7, fehérje 39,3

Öt fűszeres csirkemell

Elkészítési idő: 5 perc
Főzési idő: 35 perc
Adagok: 4

Tartalom:

- 1 csésze paradicsom, összetörve
- 1 teáskanál öt fűszer
- 2 fél csirkemell bőr nélkül, csont nélkül és félbevágva
- 1 evőkanál avokádó olaj
- 2 evőkanál kókusz aminosav
- Fekete bors ízű
- 1 evőkanál erős paprika
- 1 evőkanál koriander, apróra vágva

Utasítás:
1. Melegíts fel egy serpenyőt olajjal közepes lángon, tedd bele a húst, és süsd 2 percig mindkét oldalát.
2. Adjuk hozzá a paradicsomot, az öt fűszert és a többi hozzávalót, forraljuk fel és főzzük 30 percig közepes lángon.
3. Az egész keveréket tányérokra osztjuk és tálaljuk.

Táplálás: kalória 244, zsír 8,4, rost 1,1, szénhidrát 4,5, fehérje 31

Türkiye fűszeres zöldekkel

Elkészítési idő: 10 perc
Főzési idő: 17 perc
Adagok: 4

Tartalom:
- 1 kiló pulykamell, csont nélkül, bőr nélkül és kockára vágva
- 1 csésze mustárzöld
- 1 teáskanál szerecsendió, őrölt
- 1 teáskanál szegfűbors, őrölt
- 1 db sárgahagyma apróra vágva
- Fekete bors ízű
- 1 evőkanál olívaolaj

Utasítás:
1. Melegíts fel egy serpenyőt olajjal közepes lángon, add hozzá a hagymát és a húst, és pirítsd 5 percig.
2. Hozzáadjuk a többi hozzávalót, összekeverjük, további 12 percig főzzük közepes lángon, tányérokra osztjuk és tálaljuk.

Táplálás: kalória 270, zsír 8,4, rost 8,32, szénhidrát 33,3, fehérje 9

Csirke és paprika gomba

Elkészítési idő: 10 perc
Főzési idő: 20 perc
Adagok: 4

Tartalom:

- 2 csirkemell bőr nélkül, csont nélkül és félbevágva
- ½ kiló fehér gomba, félbevágva
- 1 evőkanál olívaolaj
- 1 csésze paradicsomkonzerv, só nélkül, apróra vágva
- 2 evőkanál mandula, apróra vágva
- 2 evőkanál olívaolaj
- ½ teáskanál paprika
- Fekete bors ízű

Utasítás:

1. Melegíts fel egy serpenyőt olajjal közepes lángon, add hozzá a gombát, dobd rá és pirítsd 5 percig.
2. Adjuk hozzá a húst, keverjük össze és főzzük további 5 percig.
3. Adjuk hozzá a paradicsomot és a többi hozzávalót, forraljuk fel és főzzük 10 percig közepes lángon.
4. A keveréket tányérokra osztjuk és tálaljuk.

Táplálás: kalória 320, zsír 12,2, rost 5,3, szénhidrát 33,3, fehérje 15

Paprika csirke és paradicsomos articsóka

Elkészítési idő: 10 perc
Főzési idő: 20 perc
Adagok: 4

Tartalom:

- 2 piros paprika, apróra vágva
- 1 evőkanál olívaolaj
- 1 db sárgahagyma apróra vágva
- 1 kiló csirkemell, bőr nélkül, csont nélkül és felkockázva
- 1 csésze paradicsom, összetörve
- 10 uncia konzerv articsóka szív, lecsepegtetve és negyedelve
- Fekete bors ízű
- ½ csésze alacsony nátriumtartalmú csirke alaplé
- 2 evőkanál citromlé

Utasítás:

1. Egy serpenyőt olajjal felhevítünk közepes lángon, hozzáadjuk a hagymát és a paprikát, összekeverjük és 5 percig pirítjuk.
2. Hozzáadjuk a húst, összekeverjük és további 5 percig pirítjuk.
3. Hozzáadjuk a többi hozzávalót, közepes lángon felforraljuk és 10 percig főzzük.
4. A keveréket tányérokra osztjuk és tálaljuk.

Táplálás: kalória 280, zsír 11,3, rost 5, szénhidrát 14,5, fehérje 13,5

Csirke és répa keveréke

Elkészítési idő: 10 perc
Főzési idő: 0 perc
Adagok: 4

Tartalom:
- 1 sárgarépa, lereszelve
- 2 cékla, meghámozva és apróra vágva
- ½ csésze avokádó majonéz
- 1 csésze füstölt csirkemell, bőr nélkül, csont nélkül, főzve és darálva
- 1 teáskanál metélőhagyma, apróra vágva

Utasítás:
1. Egy tálban összekeverjük a csirkét a céklával és a többi hozzávalóval, és azonnal tálaljuk.

Táplálás: kalória 288, zsír 24,6, rost 1,4, szénhidrát 6,5, fehérje 14

Türkiye zellersalátával

Elkészítési idő: 4 perc
Főzési idő: 0 perc
Adagok: 4

Tartalom:
- 2 csésze pulykamell, bőr nélkül, csont nélkül, főzve és darálva
- 1 csésze zellerszár, apróra vágva
- 2 újhagyma, apróra vágva
- 1 csésze fekete olajbogyó, kimagozva és félbe vágva
- 1 evőkanál olívaolaj
- 1 teáskanál citromlé
- 1 csésze zsírmentes joghurt

Utasítás:
1. Egy tálban összekeverjük a pulykát a zellerrel és a többi hozzávalóval, és hidegen tálaljuk.

Táplálás: kalória 157, zsír 8, rost 2, szénhidrát 10,8, fehérje 11,5

Csirkecomb és szőlő keverék

Elkészítési idő: 10 perc
Főzési idő: 40 perc
Adagok: 4

Tartalom:
- 1 sárgarépa, kockára vágva
- 1 db sárgahagyma, szeletelve
- 1 evőkanál olívaolaj
- 1 csésze paradicsom, felkockázva
- ¼ csésze alacsony nátriumtartalmú csirkehúsleves
- 2 gerezd fokhagyma, apróra vágva
- 1 kiló csirkecomb, bőr és csont nélkül
- 1 csésze zöld szőlő
- Fekete bors ízű

Utasítás:
1. Egy tepsit kikenünk olajjal, belehelyezzük a csirkecombokat, és rátesszük a többi hozzávalót.
2. 390 F-on 40 percig sütjük, tányérokra osztjuk és tálaljuk.

Táplálás: kalória 289, zsír 12,1, rost 1,7, szénhidrát 10,3, fehérje 33,9

Pulyka és citromárpa

Elkészítési idő: 5 perc
Főzési idő: 55 perc
Adagok: 4

Tartalom:
- 1 evőkanál olívaolaj
- 1 pulykamell bőr nélkül, csont nélkül és felszeletelve
- Fekete bors ízű
- 2 zellerszár, apróra vágva
- 1 vöröshagyma, apróra vágva
- 2 csésze alacsony nátriumtartalmú csirkehúsleves
- ½ csésze árpa
- 1 teáskanál citromhéj, lereszelve
- 1 evőkanál citromlé
- 1 evőkanál metélőhagyma, apróra vágva

Utasítás:
1. Melegítsük fel az olajat egy serpenyőben közepesen magas lángon, adjuk hozzá a húst és a hagymát, dobjuk fel és pirítsuk 5 percig.
2. Adjuk hozzá a zellert és a többi hozzávalót, keverjük össze, forraljuk fel, mérsékeljük a hőt közepesre, főzzük 50 percig, osztjuk tálakba és tálaljuk.

Táplálás: kalória 150, zsír 4,5, rost 4,9, szénhidrát 20,8, fehérje 7,5

Répa és retek vegyes pulyka

Elkészítési idő: 10 perc
Főzési idő: 35 perc
Adagok: 4

Tartalom:

- 1 pulykamell bőr nélkül, csont nélkül és felkockázva
- 2 cékla, meghámozva és felkockázva
- 1 csésze retek, kockára vágva
- 1 vöröshagyma, apróra vágva
- ¼ csésze alacsony nátriumtartalmú csirkehúsleves
- Fekete bors ízű
- 1 evőkanál olívaolaj
- 2 evőkanál metélőhagyma, apróra vágva

Utasítás:
1. Melegíts fel egy serpenyőt olajjal közepes lángon, add hozzá a húst és a hagymát, dobd fel és pirítsd 5 percig.
2. Hozzáadjuk a répát, a retket és a többi hozzávalót, felforraljuk és további 30 percig főzzük közepes lángon.
3. A keveréket tányérokra osztjuk és tálaljuk.

Táplálás: kalória 113, zsír 4,4, rost 2,3, szénhidrát 10,4, fehérje 8,8

Fokhagymás sertéshús keverék

Elkészítési idő: 10 perc
Főzési idő: 45 perc
Adagok: 8

Tartalom:
- 2 kiló sertéshús, csont nélkül és felkockázva
- 1 vöröshagyma, apróra vágva
- 1 evőkanál olívaolaj
- 3 gerezd fokhagyma, felaprítva
- 1 csésze alacsony nátriumtartalmú marhahúsleves
- 2 evőkanál édes paprika
- Fekete bors ízű
- 1 evőkanál metélőhagyma, apróra vágva

Utasítás:
1. Melegíts fel egy serpenyőt olajjal közepes lángon, add hozzá a hagymát és a húst, dobd fel és pirítsd 5 percig.
2. Adjuk hozzá a többi hozzávalót, keverjük össze, mérsékeljük a hőt közepesre, fedjük le és pároljuk 40 percig.
3. A keveréket tányérokra osztjuk és tálaljuk.

Táplálás: kalória 407, zsír 35,4, rost 1, szénhidrát 5, fehérje 14,9

Paprika sertés sárgarépával

Elkészítési idő: 10 perc
Főzési idő: 30 perc
Adagok: 4

Tartalom:

- 1 kiló sertéspörkölt, kockára vágva
- ¼ csésze alacsony nátriumtartalmú zöldséglé
- 2 sárgarépa, meghámozva és felszeletelve
- 2 evőkanál olívaolaj
- 1 vöröshagyma, szeletelve
- 2 teáskanál édes paprika
- Fekete bors ízű

Utasítás:
1. Melegíts fel egy serpenyőt olajjal közepes lángon, add hozzá a hagymát, keverd össze és pirítsd 5 percig.
2. Hozzáadjuk a húst, összekeverjük és további 5 percig pirítjuk.
3. Adjuk hozzá a többi hozzávalót, forraljuk fel és főzzük 20 percig közepes lángon.
4. A keveréket tányérokra osztjuk és tálaljuk.

Táplálás: kalória 328, zsír 18,1, rost 1,8, szénhidrát 6,4, fehérje 34

Gyömbér sertés és hagyma

Elkészítési idő: 10 perc
Főzési idő: 35 perc
Adagok: 4

Tartalom:
- 2 vöröshagyma, szeletelve
- 2 zöldhagyma, apróra vágva
- 1 evőkanál olívaolaj
- 2 teáskanál gyömbér, reszelve
- 4 sertésszelet
- 3 gerezd fokhagyma apróra vágva
- Fekete bors ízű
- 1 sárgarépa, apróra vágva
- 1 csésze alacsony nátriumtartalmú marhahúsleves
- 2 evőkanál paradicsompüré
- 1 evőkanál koriander, apróra vágva

Utasítás:
1. Melegíts fel egy serpenyőt olajjal közepes lángon, add hozzá a zöld- és lilahagymát, dobd fel és pirítsd 3 percig.
2. Adjuk hozzá a fokhagymát és a gyömbért, dobjuk fel, és főzzük további 2 percig.
3. Hozzáadjuk a sertésszeleteket, és mindkét oldalát 2 percig sütjük.
4. Adjuk hozzá a többi hozzávalót, forraljuk fel és főzzük további 25 percig közepes lángon.
5. A keveréket tányérokra osztjuk és tálaljuk.

Táplálás: kalória 332, zsír 23,6, rost 2,3, szénhidrát 10,1, fehérje 19,9

köményes sertéshús

Elkészítési idő: 10 perc
Főzési idő: 45 perc
Adagok: 4

Tartalom:

- ½ csésze alacsony nátriumtartalmú marhahúsleves
- 2 evőkanál olívaolaj
- 2 kiló sertéspörkölt, kockára vágva
- 1 teáskanál koriander, őrölt
- 2 teáskanál kömény, őrölt
- Fekete bors ízű
- 1 csésze koktélparadicsom félbevágva
- 4 gerezd fokhagyma, felaprítva
- 1 evőkanál koriander, apróra vágva

Utasítás:
1. Melegíts fel egy serpenyőt olajjal közepes lángon, add hozzá a fokhagymát és a húst, dobd fel és pirítsd 5 percig.
2. Adjuk hozzá a húslevest és a többi hozzávalót, forraljuk fel és főzzük 40 percig közepes lángon.
3. Mindent szétosztunk a tányérok között, és tálaljuk.

Táplálás: kalória 559, zsír 29,3, rost 0,7, szénhidrát 3,2, fehérje 67,4

Sertés és zöldek keveréke

Elkészítési idő: 10 perc
Főzési idő: 20 perc
Adagok: 4

Tartalom:
- 2 evőkanál balzsamecet
- 1/3 csésze kókusz aminosav
- 1 evőkanál olívaolaj
- 4 uncia vegyes saláta zöldje
- 1 csésze koktélparadicsom félbevágva
- 4 uncia sertéspörkölt, csíkokra vágva
- 1 evőkanál metélőhagyma, apróra vágva

Utasítás:
1. Melegítsünk fel egy serpenyőt olajjal közepes lángon, adjuk hozzá a sertéshúst, az aminosavakat és az ecetet, dobjuk fel és pároljuk 15 percig.
2. Hozzáadjuk a saláta zöldjét és a többi hozzávalót, összekeverjük, további 5 percig főzzük, tányérokra osztjuk és tálaljuk.

Táplálás: kalória 125, zsír 6,4, rost 0,6, szénhidrát 6,8, fehérje 9,1

Kakukkfű sertés serpenyőben

Elkészítési idő: 10 perc
Főzési idő: 25 perc
Adagok: 4

Tartalom:
- 1 kiló sertés csikk, vágva és felkockázva
- 1 evőkanál olívaolaj
- 1 db sárgahagyma apróra vágva
- 3 gerezd fokhagyma, felaprítva
- 1 evőkanál kakukkfű, szárítva
- 1 csésze alacsony nátriumtartalmú csirkehúsleves
- 2 evőkanál alacsony nátriumtartalmú paradicsompüré
- 1 evőkanál koriander, apróra vágva

Utasítás:
1. Melegíts fel egy serpenyőt olajjal közepes lángon, add hozzá a hagymát és a fokhagymát, dobd fel és főzd 5 percig.
2. Adjuk hozzá a húst, keverjük össze és főzzük további 5 percig.
3. Adjuk hozzá a többi hozzávalót, keverjük össze, forraljuk fel, mérsékeljük a hőt közepesre, és pároljuk további 15 percig.
4. A keveréket tányérokra osztjuk, és azonnal tálaljuk.

Táplálás: kalória 281, zsír 11,2, rost 1,4, szénhidrát 6,8, fehérje 37,1

Majoránna sertéshús és cukkini

Elkészítési idő: 10 perc
Főzési idő: 30 perc
Adagok: 4

Tartalom:
- 2 kiló sertéskaraj csont nélkül, vágva és felkockázva
- 2 evőkanál avokádó olaj
- ¾ csésze alacsony nátriumtartalmú zöldséglé
- ½ evőkanál fokhagymapor
- 1 evőkanál majoránna apróra vágva
- 2 cukkini, durván felkockázva
- 1 teáskanál édes paprika
- Fekete bors ízű

Utasítás:
1. Melegíts fel egy serpenyőt olajjal közepes lángon, add hozzá a húst, a fokhagymaport és a majoránnát, dobd fel és párold 10 percig.
2. Adjuk hozzá a cukkinit és a többi hozzávalót, keverjük össze, forraljuk fel, mérsékeljük a lángot közepesre, és pároljuk további 20 percig.
3. Mindent szétosztunk a tányérok között, és tálaljuk.

Táplálás: kalória 359, zsír 9,1, rost 2,1, szénhidrát 5,7, fehérje 61,4

fűszeres sertéshús

Elkészítési idő: 10 perc
Főzési idő: 8 óra
Adagok: 4

Tartalom:
- 3 evőkanál olívaolaj
- 2 kiló sertés lapocka sült
- 2 teáskanál édes paprika
- 1 teáskanál fokhagyma por
- 1 teáskanál hagymapor
- 1 teáskanál szerecsendió, őrölt
- 1 teáskanál szegfűbors, őrölt
- Fekete bors ízű
- 1 csésze alacsony nátriumtartalmú zöldségleves

Utasítás:
1. Lassú tűzhelyén keverje össze a sütést olajjal és egyéb összetevőkkel, dobja fel, fedje le, és főzze alacsony fokozaton 8 órán át.
2. A sültet felszeleteljük, tányérokra osztjuk, és a felforralt vizet ráöntve tálaljuk.

Táplálás: kalória 689, zsír 57,1, rost 1, szénhidrát 3,2, fehérje 38,8

Kókuszos sertéshús és zeller

Elkészítési idő: 10 perc
Főzési idő: 35 perc
Adagok: 4

Tartalom:

- 2 kiló sertéspörkölt, kockára vágva
- 2 evőkanál olívaolaj
- 1 csésze alacsony nátriumtartalmú zöldségleves
- 1 zellerszár, apróra vágva
- 1 teáskanál fekete bors
- 2 medvehagyma, apróra vágva
- 1 evőkanál metélőhagyma, apróra vágva
- 1 csésze kókuszkrém
- Fekete bors ízű

Utasítás:

1. Melegítsünk fel egy serpenyőt olajjal közepes lángon, adjuk hozzá a medvehagymát és a húst, pirítsuk 5 percig.
2. Adjuk hozzá a zellert és a többi hozzávalót, keverjük össze, forraljuk fel és főzzük további 30 percig közepes lángon.
3. Mindent tányérokra osztunk és azonnal tálaljuk.

Táplálás: kalória 690, zsír 43,3, rost 1,8, szénhidrát 5,7, fehérje 6,2

Sertéshús és paradicsom keverék

Elkészítési idő: 10 perc
Főzési idő: 30 perc
Adagok: 4

Tartalom:
- 2 gerezd fokhagyma, felaprítva
- 2 kiló sertéspörkölt, darálva
- 2 csésze koktélparadicsom félbevágva
- 1 evőkanál olívaolaj
- Fekete bors ízű
- 1 vöröshagyma, apróra vágva
- ½ csésze alacsony nátriumtartalmú zöldségleves
- 2 evőkanál alacsony nátriumtartalmú paradicsompüré
- 1 evőkanál petrezselyem, apróra vágva

Utasítás:
1. Melegíts fel egy serpenyőt olajjal közepes lángon, add hozzá a hagymát és a fokhagymát, dobd fel és pirítsd 5 percig.
2. Hozzáadjuk a húst, és további 5 percig pirítjuk.
3. Hozzáadjuk a többi hozzávalót, összekeverjük, felforraljuk, további 20 percig főzzük közepes lángon, tálakba osztjuk és tálaljuk.

Táplálás: kalória 558, zsír 25,6, rost 2,4, szénhidrát 10,1, fehérje 68,7

Zsályás sertésszelet

Elkészítési idő: 10 perc
Főzési idő: 35 perc
Adagok: 4

Tartalom:
- 4 sertésszelet
- 2 evőkanál olívaolaj
- 1 teáskanál füstölt paprika
- 1 evőkanál zsálya, apróra vágva
- 2 gerezd fokhagyma, felaprítva
- 1 evőkanál citromlé
- Fekete bors ízű

Utasítás:
1. Egy tepsiben keverjük össze a sertésszeleteket az olajjal és a többi hozzávalóval, dobjuk fel, tegyük be a sütőbe, és süssük 400 F-on 35 percig.
2. A sertésszeleteket tányérokra osztjuk, és körethez salátával tálaljuk.

Táplálás: kalória 263, zsír 12,4, rost 6, szénhidrát 22,2, fehérje 16

Thai sertéshús és padlizsán

Elkészítési idő: 10 perc
Főzési idő: 30 perc
Adagok: 4

Tartalom:
- 1 kiló sertéspörkölt, kockára vágva
- 1 padlizsán, felkockázva
- 1 evőkanál kókusz aminosav
- 1 teáskanál öt fűszer
- 2 gerezd fokhagyma, felaprítva
- 2 thai paprika apróra vágva
- 2 evőkanál olívaolaj
- 2 evőkanál alacsony nátriumtartalmú paradicsompüré
- 1 evőkanál koriander, apróra vágva
- ½ csésze alacsony nátriumtartalmú zöldségleves

Utasítás:
1. Melegíts fel egy serpenyőt olajjal közepes lángon, add hozzá a fokhagymát, a borsot és a húst, és pirítsd 6 percig.
2. Adjuk hozzá a padlizsánt és a többi hozzávalót, forraljuk fel és főzzük 24 percig közepes lángon.
3. A keveréket tányérokra osztjuk és tálaljuk.

Táplálás: kalória 320, zsír 13,4, rost 5,2, szénhidrát 22,8, fehérje 14

Sertéshús és zöldhagyma citrommal

Elkészítési idő: 10 perc
Főzési idő: 30 perc
Adagok: 4

Tartalom:
- 2 evőkanál citromlé
- 4 újhagyma apróra vágva
- 1 kiló sertéspörkölt, kockára vágva
- 2 gerezd fokhagyma, felaprítva
- 2 evőkanál olívaolaj
- Fekete bors ízű
- ½ csésze alacsony nátriumtartalmú zöldségleves
- 1 evőkanál koriander, apróra vágva

Utasítás:
1. Melegíts fel egy serpenyőt olajjal közepes lángon, add hozzá a mogyoróhagymát és a fokhagymát, dobd fel és főzd 5 percig.
2. Adjuk hozzá a húst, keverjük össze és főzzük további 5 percig.
3. Adjuk hozzá a többi hozzávalót, forraljuk fel és főzzük 20 percig közepes lángon.
4. A keveréket tányérokra osztjuk és tálaljuk.

Táplálás: kalória 273, zsír 22,4, rost 5, szénhidrát 12,5, fehérje 18

balzsamos sertéshús

Elkészítési idő: 10 perc
Főzési idő: 30 perc
Adagok: 4

Tartalom:
- 1 vöröshagyma, szeletelve
- 1 kiló sertéspörkölt, kockára vágva
- 2 piros paprika, apróra vágva
- 2 evőkanál balzsamecet
- ½ csésze korianderlevél, apróra vágva
- Fekete bors ízű
- 2 evőkanál olívaolaj
- 1 evőkanál alacsony nátriumtartalmú paradicsomszósz

Utasítás:
1. Egy serpenyőben közepes lángon hevítsük fel az olajat, adjuk hozzá a hagymát és a paprikát, dobjuk fel és főzzük 5 percig.
2. Adjuk hozzá a húst, keverjük össze és főzzük további 5 percig.
3. Hozzáadjuk a többi hozzávalót, összekeverjük, felforraljuk és további 20 percig főzzük közepes lángon.
4. Mindent tányérokra osztunk és azonnal tálaljuk.

Táplálás: kalória 331, zsír 13,3, rost 5, szénhidrát 22,7, fehérje 17

szalonna

Elkészítési idő: 10 perc
Főzési idő: 36 perc
Adagok: 4

Tartalom:

- 2 evőkanál olívaolaj
- 2 újhagyma, apróra vágva
- 1 kiló sertésszelet
- 2 evőkanál bazsalikomos pesto
- 1 csésze koktélparadicsom, felkockázva
- 2 evőkanál alacsony nátriumtartalmú paradicsompüré
- ½ csésze petrezselyem, apróra vágva
- ½ csésze alacsony nátriumtartalmú zöldségleves
- Fekete bors ízű

Utasítás:

1. Melegíts fel egy serpenyőt olívaolajjal közepes lángon, tedd bele a mogyoróhagymát és a sertésszeleteket, és süsd 3 percig mindkét oldalát.
2. Adjuk hozzá a pestót és a többi hozzávalót, óvatosan keverjük össze, forraljuk fel és főzzük további 30 percig közepes lángon.
3. Mindent szétosztunk a tányérok között, és tálaljuk.

Táplálás: kalória 293, zsír 11,3, rost 4,2, szénhidrát 22,2, fehérje 14

Sertés és petrezselyem bors

Elkészítési idő: 10 perc
Főzési idő: 1 óra
Adagok: 4

Tartalom:
- 1 zöld kaliforniai paprika, apróra vágva
- 1 piros kaliforniai paprika, apróra vágva
- 1 sárga kaliforniai paprika apróra vágva
- 1 vöröshagyma, apróra vágva
- 1 kiló sertésszelet
- 1 evőkanál olívaolaj
- Fekete bors ízű
- 26 uncia konzerv paradicsom, só nélkül és apróra vágva
- 2 evőkanál petrezselyem, apróra vágva

Utasítás:
1. Egy serpenyőt kikenünk olajjal, belehelyezzük a borjúszeleteket, majd hozzáadjuk a többi hozzávalót.
2. 390 F-on 1 órán át sütjük, mindent tányérokra osztunk és tálaljuk.

Táplálás: kalória 284, zsír 11,6, rost 2,6, szénhidrát 22,2, fehérje 14

Köményes báránykeverék

Elkészítési idő: 10 perc
Főzési idő: 25 perc
Adagok: 4

Tartalom:
- 1 evőkanál olívaolaj
- 1 vöröshagyma, apróra vágva
- 1 csésze koktélparadicsom félbevágva
- 1 kiló báránypörkölt, darálva
- 1 evőkanál paprika
- Fekete bors ízű
- 2 teáskanál kömény, őrölt
- 1 csésze alacsony nátriumtartalmú zöldségleves
- 2 evőkanál koriander, apróra vágva

Utasítás:
1. Melegíts fel egy serpenyőt olajjal közepesen magas lángon, add hozzá a hagymát, a bárányhúst és a chiliport, dobd fel és főzd 10 percig.
2. Adjuk hozzá a többi hozzávalót, keverjük össze, főzzük további 15 percig közepes lángon.
3. Tálkákba osztjuk és tálaljuk.

Táplálás: kalória 320, zsír 12,7, rost 6, szénhidrát 14,3, fehérje 22

Sertés retekkel és zöldbabbal

Elkészítési idő: 10 perc
Főzési idő: 35 perc
Adagok: 4

Tartalom:
- 1 kiló sertéspörkölt, kockára vágva
- 1 csésze retek, kockára vágva
- ½ font zöldbab, vágva és félbevágva
- 1 db sárgahagyma apróra vágva
- 1 evőkanál olívaolaj
- 2 gerezd fokhagyma, felaprítva
- 1 csésze paradicsomkonzerv, sózatlanul és apróra vágva
- 2 teáskanál kakukkfű, szárítva
- Fekete bors ízű

Utasítás:
1. Melegíts fel egy serpenyőt olajjal közepes lángon, add hozzá a hagymát és a fokhagymát, dobd fel és főzd 5 percig.
2. Adjuk hozzá a húst, keverjük össze és főzzük további 5 percig.
3. Adjuk hozzá a többi hozzávalót, forraljuk fel és főzzük 25 percig közepes lángon.
4. Mindent tálakba osztunk és tálaljuk.

Táplálás: kalória 289, zsír 12, rost 8, szénhidrát 13,2, fehérje 20

Édeskömény bárány és gomba

Elkészítési idő: 10 perc
Főzési idő: 40 perc
Adagok: 4

Tartalom:
- 1 kiló báránylapocka, csont nélkül és kockára vágva
- 8 fehér gomba félbevágva
- 2 evőkanál olívaolaj
- 1 db sárgahagyma apróra vágva
- 2 gerezd fokhagyma, felaprítva
- 1 ½ evőkanál édeskömény por
- Fekete bors ízű
- Egy csokor újhagyma, apróra vágva
- 1 csésze alacsony nátriumtartalmú zöldségleves

Utasítás:
1. Melegíts fel egy serpenyőt olajjal közepes lángon, add hozzá a hagymát és a fokhagymát, dobd fel és főzd 5 percig.
2. Adjuk hozzá a húst és a gombát, keverjük össze és főzzük további 5 percig.
3. Adjuk hozzá a többi hozzávalót, keverjük össze, forraljuk fel és főzzük 30 percig közepes lángon.
4. A keveréket tálakba osztjuk és tálaljuk.

Táplálás: kalória 290, zsír 15,3, rost 7, szénhidrát 14,9, fehérje 14

Sertés és spenótos serpenyő

Elkészítési idő: 10 perc
Főzési idő: 30 perc
Adagok: 4

Tartalom:
- 1 kiló sertéshús, darált
- 2 evőkanál olívaolaj
- 1 vöröshagyma, apróra vágva
- ½ kiló bébispenót
- 4 gerezd fokhagyma, felaprítva
- ½ csésze alacsony nátriumtartalmú zöldségleves
- ½ csésze paradicsomkonzerv, só nélkül, apróra vágva
- Fekete bors ízű
- 1 evőkanál metélőhagyma, apróra vágva

Utasítás:
1. Melegíts fel egy serpenyőt olajjal közepes lángon, add hozzá a hagymát és a fokhagymát, dobd fel és főzd 5 percig.
2. Hozzáadjuk a húst, összekeverjük és további 5 percig pirítjuk.
3. Adjuk hozzá a többi hozzávalót a spenót kivételével, keverjük össze, forraljuk fel, mérsékeljük a hőt közepesre és pároljuk 15 percig.
4. Adjuk hozzá a spenótot, keverjük össze, főzzük még 5 percig, osszuk el mindent tálakba és tálaljuk.

Táplálás: kalória 270, zsír 12, rost 6, szénhidrát 22,2, fehérje 23

Avokádó sertéshús

Elkészítési idő: 10 perc
Főzési idő: 15 perc
Adagok: 4

Tartalom:
- 2 csésze bébispenót
- 1 kiló sertés steak, csíkokra vágva
- 1 evőkanál olívaolaj
- 1 csésze koktélparadicsom félbevágva
- 2 avokádó, meghámozva, kimagozva és szeletekre vágva
- 1 evőkanál balzsamecet
- ½ csésze alacsony nátriumtartalmú zöldségleves

Utasítás:
1. Melegíts fel egy serpenyőt olajjal közepes lángon, add hozzá a húst, dobd össze és süsd 10 percig.
2. Hozzáadjuk a spenótot és a többi hozzávalót, összekeverjük, további 5 percig főzzük, tálakba osztjuk és tálaljuk.

Táplálás: kalória 390, zsír 12,5, rost 4, szénhidrát 16,8, fehérje 13,5

Sertéshús és alma keveréke

Elkészítési idő: 10 perc
Főzési idő: 40 perc
Adagok: 4

Tartalom:
- 2 kiló sertéspörkölt, csíkokra vágva
- 2 zöld alma, kimagozva és felkockázva
- 2 gerezd fokhagyma, felaprítva
- 2 medvehagyma, apróra vágva
- 1 evőkanál édes paprika
- ½ teáskanál paprika
- 2 evőkanál avokádó olaj
- 1 csésze alacsony nátriumtartalmú csirkehúsleves
- Fekete bors ízű
- Egy csipetnyi pirospaprika pehely

Utasítás:
1. Melegíts fel egy serpenyőt olajon közepes lángon, add hozzá a medvehagymát és a fokhagymát, és pirítsd 5 percig.
2. Hozzáadjuk a húst, és további 5 percig pirítjuk.
3. Adjuk hozzá az almát és a többi hozzávalót, dobjuk fel, forraljuk fel és főzzük további 30 percig közepes lángon.
4. Mindent szétosztunk a tányérok között, és tálaljuk.

Táplálás: kalória 365, zsír 7, rost 6, szénhidrát 15,6, fehérje 32,4

Fahéjas sertésszelet

Elkészítési idő: 10 perc
Főzési idő: 1 óra 10 perc
Adagok: 4

Tartalom:
- 4 sertésszelet
- 2 evőkanál olívaolaj
- 2 gerezd fokhagyma, felaprítva
- ¼ csésze alacsony nátriumtartalmú zöldséglé
- 1 evőkanál fahéjpor
- Fekete bors ízű
- 1 teáskanál paprika
- ½ teáskanál hagymapor

Utasítás:
1. Egy serpenyőben keverje össze a sertésszeleteket az olajjal és a többi hozzávalóval, dobja fel, tegye a sütőbe, és süsse 1 óra 10 percig 390 F-on.
2. A sertésszeleteket tányérokra osztjuk, és körethez salátával tálaljuk.

Táplálás: kalória 288, zsír 5,5, rost 6, szénhidrát 12,7, fehérje 23

Kókuszos sertésszelet

Elkészítési idő: 10 perc
Főzési idő: 20 perc
Adagok: 4

Tartalom:
- 2 evőkanál olívaolaj
- 4 sertésszelet
- 1 db sárgahagyma apróra vágva
- 1 evőkanál paprika
- 1 csésze kókusztej
- ¼ csésze koriander, apróra vágva

Utasítás:
1. Melegíts fel egy serpenyőt olajjal közepes lángon, add hozzá a hagymát és a chiliport, dobd fel és pirítsd 5 percig.
2. Hozzáadjuk a karajokat, és mindkét oldalát 2 percig sütjük.
3. Adjuk hozzá a kókusztejet, keverjük össze, forraljuk fel és főzzük további 11 percig közepes lángon.
4. Hozzáadjuk a koriandert, felforgatjuk, mindent tálakba osztunk és tálaljuk.

Táplálás: kalória 310, zsír 8, rost 6, szénhidrát 16,7, fehérje 22,1

Őszibarackkal kevert sertéshús

Elkészítési idő: 10 perc
Főzési idő: 25 perc
Adagok: 4

Tartalom:
- 2 kiló sertés szűzpecsenye, durván felkockázva
- 2 őszibarack kimagozva és felnegyedelve
- ¼ teáskanál hagymapor
- 2 evőkanál olívaolaj
- ¼ teáskanál füstölt paprika
- ¼ csésze alacsony nátriumtartalmú zöldséglé
- Fekete bors ízű

Utasítás:
1. Egy serpenyőben közepes lángon felhevítjük az olajat, hozzáadjuk a húst, összeforgatjuk és 10 percig sütjük.
2. Adjuk hozzá az őszibarackot és a többi hozzávalót, keverjük össze, forraljuk fel és főzzük további 15 percig közepes lángon.
3. Az egész keveréket tányérokra osztjuk és tálaljuk.

Táplálás: kalória 290, zsír 11,8, rost 5,4, szénhidrát 13,7, fehérje 24

Kakaós bárány és retek

Elkészítési idő: 10 perc
Főzési idő: 35 perc
Adagok: 4

Tartalom:

- ½ csésze alacsony nátriumtartalmú zöldségleves
- 1 kiló báránypörkölt, kockára vágva
- 1 csésze retek, kockára vágva
- 1 evőkanál kakaópor
- Fekete bors ízű
- 1 db sárgahagyma apróra vágva
- 1 evőkanál olívaolaj
- 2 gerezd fokhagyma, felaprítva
- 1 evőkanál petrezselyem, apróra vágva

Utasítás:
1. Melegíts fel egy serpenyőt olajjal közepes lángon, add hozzá a hagymát és a fokhagymát, dobd fel és pirítsd 5 percig.
2. Hozzáadjuk a húst, megforgatjuk, és mindkét oldalát 2 percig sütjük.
3. Adjuk hozzá a húslevest és a többi hozzávalót, keverjük össze, forraljuk fel és főzzük további 25 percig közepes lángon.
4. Mindent szétosztunk a tányérok között, és tálaljuk.

Táplálás: kalória 340, zsír 12,4, rost 9,3, szénhidrát 33,14, fehérje 20

Citromos sertéshús és articsóka

Elkészítési idő: 10 perc
Főzési idő: 25 perc
Adagok: 4

Tartalom:
- 2 kiló sertéspörkölt, csíkokra vágva
- 2 evőkanál avokádó olaj
- 1 evőkanál citromlé
- 1 evőkanál citromhéj, lereszelve
- 1 csésze konzerv articsóka, lecsepegtetve és negyedelve
- 1 vöröshagyma, apróra vágva
- 2 gerezd fokhagyma, felaprítva
- ½ teáskanál paprika
- Fekete bors ízű
- 1 teáskanál édes paprika
- 1 jalapeno, apróra vágva
- ¼ csésze alacsony nátriumtartalmú zöldséglé
- ¼ csésze rozmaring, apróra vágva

Utasítás:
1. Melegíts fel egy serpenyőt olajjal közepesen erős lángon, add hozzá a hagymát és a fokhagymát, dobd fel és párold 4 percig.
2. Adjuk hozzá a húst, az articsókát, a chili pehelyt, a jalapenót és a pirospaprikát, és főzzük további 6 percig.
3. Adjuk hozzá a többi hozzávalót, keverjük össze, forraljuk fel és főzzük további 15 percig közepes lángon.
4. Az egész keveréket tálakba osztjuk és tálaljuk.

Táplálás: kalória 350, zsír 12, rost 4,3, szénhidrát 35,7, fehérje 14,5

Sertés koriander szósszal

Elkészítési idő: 10 perc
Főzési idő: 20 perc
Adagok: 4

Tartalom:
- 2 kiló sertéspörkölt, durván felkockázva
- 1 csésze korianderlevél
- 4 evőkanál olívaolaj
- 1 evőkanál fenyőmag
- 1 evőkanál zsírmentes parmezán, reszelve
- 1 evőkanál citromlé
- 1 teáskanál paprika
- Fekete bors ízű

Utasítás:
1. Tedd turmixgépbe a koriandert, a fenyőmagot, 3 evőkanál növényi olajat, a parmezánt és a citromlevet, és jól keverd össze.
2. Melegíts fel egy serpenyőt a maradék olajjal közepes lángon, add hozzá a húst, a paprikát és a fekete borsot, keverd össze és pirítsd 5 percig.
3. Adjuk hozzá a korianderszószt, és főzzük további 15 percig közepes lángon, időnként megkeverve.
4. A sertéshúst elosztjuk a tányérok között, és azonnal tálaljuk.

Táplálás: kalória 270, zsír 6,6, rost 7, szénhidrát 12,6, fehérje 22,4

Mangós kevert sertéshús

Elkészítési idő: 10 perc
Főzési idő: 25 perc
Adagok: 4

Tartalom:

- 2 medvehagyma, apróra vágva
- 2 evőkanál avokádó olaj
- 1 kiló sertéspörkölt, kockára vágva
- 1 mangó meghámozva és durvára felkockázva
- 2 gerezd fokhagyma, felaprítva
- 1 csésze paradicsom és apróra vágva
- Fekete bors ízű
- ½ csésze bazsalikom, apróra vágva

Utasítás:

1. Egy serpenyőt olajjal felhevítünk közepes lángon, hozzáadjuk a medvehagymát és a fokhagymát, kevergetve 5 percig főzzük.
2. Adjuk hozzá a húst, keverjük össze és főzzük további 5 percig.
3. Adjuk hozzá a többi hozzávalót, keverjük össze, forraljuk fel és főzzük további 15 percig közepes lángon.
4. A keveréket tálakba osztjuk és tálaljuk.

Táplálás: kalória 361, zsír 11, rost 5,1, szénhidrát 16,8, fehérje 22

Rozmaring sertés és citrom édesburgonya

Elkészítési idő: 10 perc
Főzési idő: 35 perc
Adagok: 4

Tartalom:
- 1 vöröshagyma, karikákra vágva
- 2 édesburgonya, meghámozva és szeletekre vágva
- 4 sertésszelet
- 1 evőkanál rozmaring, apróra vágva
- 1 evőkanál citromlé
- 2 teáskanál olívaolaj
- Fekete bors ízű
- 2 teáskanál kakukkfű apróra vágva
- ½ csésze alacsony nátriumtartalmú zöldségleves

Utasítás:
1. Egy serpenyőben keverje össze a sertésszeleteket a burgonyával, a hagymával és a többi hozzávalóval, és enyhén dobja meg.
2. 400 fokon 35 percig sütjük, mindent tányérokra osztunk és tálaljuk.

Táplálás: kalória 410, zsír 14,7, rost 14,2, szénhidrát 15,3, fehérje 33,4

Sertés csicseriborsóval

Elkészítési idő: 10 perc
Főzési idő: 25 perc
Adagok: 4

Tartalom:
- 1 kiló sertéspörkölt, kockára vágva
- 1 csésze konzerv csicseriborsó, sózatlan, lecsepegtetve
- 1 db sárgahagyma apróra vágva
- 1 evőkanál olívaolaj
- Fekete bors ízű
- 10 uncia konzerv paradicsom, sózatlanul és apróra vágva
- 2 evőkanál koriander, apróra vágva

Utasítás:
1. Melegíts fel egy serpenyőt olajjal közepes lángon, add hozzá a hagymát, dobd fel és pirítsd 5 percig.
2. Adjuk hozzá a húst, keverjük össze és főzzük további 5 percig.
3. Hozzáadjuk a többi hozzávalót, összekeverjük, közepes lángon 15 percig főzzük, mindent tálakba osztunk és tálaljuk.

Táplálás: kalória 476, zsír 17,6, rost 10,2, szénhidrát 35,7, fehérje 43,8

Káposzta bárányszelet

Elkészítési idő: 10 perc
Főzési idő: 35 perc
Adagok: 4

Tartalom:
- 1 csésze kelkáposzta, tépve
- 1 kiló bárányszelet
- ½ csésze alacsony nátriumtartalmú zöldségleves
- 2 evőkanál alacsony nátriumtartalmú paradicsompüré
- 1 db sárgahagyma, szeletelve
- 1 evőkanál olívaolaj
- Egy csipet fekete bors

Utasítás:
1. Egy tepsit kikenünk olajjal, elrendezzük benne a bárányszeleteket, hozzáadjuk a kelkáposztát és a többi hozzávalót, majd óvatosan összekeverjük.
2. Mindent 390 F-on 35 percig sütünk, tányérokra osztjuk és tálaljuk.

Táplálás: kalória 275, zsír 11,8, rost 1,4, szénhidrát 7,3, fehérje 33,6

fűszeres bárány

Elkészítési idő: 10 perc
Főzési idő: 45 perc
Adagok: 4

Tartalom:
- 2 kiló báránypörkölt, kockára vágva
- 1 evőkanál avokádó olaj
- 1 teáskanál paprika
- 1 teáskanál erős pirospaprika
- 2 vöröshagyma, durvára vágva
- 1 csésze alacsony nátriumtartalmú zöldségleves
- ½ csésze alacsony nátriumtartalmú paradicsomszósz
- 1 evőkanál koriander, apróra vágva

Utasítás:
1. Melegíts fel egy serpenyőt olajjal közepes lángon, add hozzá a hagymát és a húst, és pirítsd 10 percig.
2. Hozzáadjuk a chiliport és a koriander kivételével a többi hozzávalót, összeforgatjuk, felforraljuk és további 35 percig főzzük közepes lángon.
3. A keveréket tálakba osztjuk, és korianderrel megszórva tálaljuk.

Táplálás: kalória 463, zsír 17,3, rost 2,3, szénhidrát 8,4, fehérje 65,1

Sertés paprikás póréhagymával

Elkészítési idő: 10 perc
Főzési idő: 45 perc
Adagok: 4

Tartalom:
- 2 kiló sertéspörkölt, durván felkockázva
- 2 póréhagyma, szeletelve
- 2 evőkanál olívaolaj
- 2 gerezd fokhagyma, felaprítva
- 1 teáskanál édes paprika
- 1 evőkanál petrezselyem, apróra vágva
- 1 csésze alacsony nátriumtartalmú zöldségleves
- Fekete bors ízű

Utasítás:
1. Melegíts fel egy serpenyőt olajjal közepes lángon, add hozzá a póréhagymát, a fokhagymát és a paprikát, dobd fel és főzd 10 percig.
2. Hozzáadjuk a húst, és további 5 percig pirítjuk.
3. Hozzáadjuk a többi hozzávalót, összekeverjük, közepes lángon 30 percig főzzük, mindent tálakba osztunk és tálaljuk.

Táplálás: kalória 577, zsír 29,1, rost 1,3, szénhidrát 8,2, fehérje 67,5

Sertésszelet és hóborsó

Elkészítési idő: 10 perc
Főzési idő: 25 perc
Adagok: 4

Tartalom:

- 4 sertésszelet
- 2 evőkanál olívaolaj
- 2 medvehagyma, apróra vágva
- 1 csésze hóborsó
- 1 csésze alacsony nátriumtartalmú zöldségleves
- 2 evőkanál sótlan paradicsompüré
- 1 evőkanál petrezselyem, apróra vágva

Utasítás:
1. Melegíts fel egy serpenyőt olajjal közepes lángon, add hozzá a medvehagymát és pirítsd 5 percig.
2. Hozzáadjuk a karajokat, és mindkét oldalát 2 percig sütjük.
3. Adjuk hozzá a többi hozzávalót, forraljuk fel és főzzük 15 percig közepes lángon.
4. A keveréket tányérokra osztjuk és tálaljuk.

Táplálás: kalória 357, zsír 27, rost 1,9, szénhidrát 7,7, fehérje 20,7

Sertéshús és menta kukorica

Elkészítési idő: 10 perc
Főzési idő: 1 óra
Adagok: 4

Tartalom:

- 4 sertésszelet
- 1 csésze alacsony nátriumtartalmú zöldségleves
- 1 csésze kukorica
- 1 evőkanál menta, apróra vágva
- 1 teáskanál édes paprika
- Fekete bors ízű
- 1 evőkanál olívaolaj

Utasítás:
1. Helyezzük a sertésszeleteket egy serpenyőbe, adjuk hozzá a többi hozzávalót, dobjuk össze, tegyük a sütőbe, és süssük 380 F-on 1 órán át.
2. Mindent szétosztunk a tányérok között, és tálaljuk.

Táplálás: kalória 356, zsír 14, rost 5,4, szénhidrát 11,0, fehérje 1

kapros bárány

Elkészítési idő: 10 perc
Főzési idő: 25 perc
Adagok: 4

Tartalom:
- 2 citrom leve
- 1 evőkanál citromhéj, lereszelve
- 1 evőkanál kapor, apróra vágva
- 2 gerezd fokhagyma, felaprítva
- 2 evőkanál olívaolaj
- 2 kiló bárányhús, kockára vágva
- 1 csésze koriander, apróra vágva
- Fekete bors ízű

Utasítás:
1. Egy serpenyőt olajjal felhevítünk közepesen erős lángon, hozzáadjuk a fokhagymát és a húst, és mindkét oldalukat 4 percig sütjük.
2. Adjuk hozzá a citromlevet és a többi hozzávalót, és főzzük további 15 percig, gyakran kevergetve.
3. Mindent szétosztunk a tányérok között, és tálaljuk.

Táplálás: kalória 370, zsír 11,7, rost 4,2, szénhidrát 8,9, fehérje 20

Szegfűbors sertésszelet és olajbogyó

Elkészítési idő: 10 perc
Főzési idő: 35 perc
Adagok: 4

Tartalom:
- 4 sertésszelet
- 2 evőkanál olívaolaj
- 1 csésze kalamata olajbogyó kimagozva és félbevágva
- 1 teáskanál szegfűbors, őrölt
- ¼ csésze kókusztej
- 1 db sárgahagyma apróra vágva
- 1 evőkanál metélőhagyma, apróra vágva

Utasítás:
1. Egy serpenyőt olajjal felhevítünk közepes lángon, hozzáadjuk a hagymát és a húst, és mindkét oldalát 4 percig sütjük.
2. Adjuk hozzá a többi hozzávalót, óvatosan keverjük össze, tegyük vissza a sütőbe, és süssük további 25 percig 390 F-on.
3. Mindent szétosztunk a tányérok között, és tálaljuk.

Táplálás: kalória 290, zsír 10, rost 4,4, szénhidrát 7,8, fehérje 22

Olasz bárányszelet

Elkészítési idő: 10 perc
Főzési idő: 30 perc
Adagok: 4

Tartalom:

- 4 bárányszelet
- 1 evőkanál kakukkfű, apróra vágva
- 1 evőkanál olívaolaj
- 1 db sárgahagyma apróra vágva
- 2 evőkanál zsírszegény parmezán, lereszelve
- 1/3 csésze alacsony nátriumtartalmú zöldségleves
- Fekete bors ízű
- 1 teáskanál olasz fűszer

Utasítás:

1. Egy serpenyőt olajjal felforrósítunk közepesen erős lángon, hozzáadjuk a bárányszeleteket és a hagymát, és mindkét oldalát 4 percig pirítjuk.
2. Adjuk hozzá a többi hozzávalót a sajt kivételével és keverjük össze.
3. Szórjuk meg sajttal a tetejét, tegyük vissza a tepsit a sütőbe, és süssük 350 fokon 20 percig.
4. Mindent szétosztunk a tányérok között, és tálaljuk.

Táplálás: kalória 280, zsír 17, rost 5,5, szénhidrát 11,2, fehérje 14

Sertés- és kakukkfüves pilaf

Elkészítési idő: 10 perc
Főzési idő: 35 perc
Adagok: 4

Tartalom:
- 1 evőkanál olívaolaj
- 1 kiló sertéspörkölt, kockára vágva
- 1 evőkanál kakukkfű, apróra vágva
- 1 csésze fehér rizs
- 2 csésze alacsony nátriumtartalmú csirkehúsleves
- Fekete bors ízű
- 2 gerezd fokhagyma, felaprítva
- ½ citrom leve
- 1 evőkanál koriander, apróra vágva

Utasítás:
1. Melegíts fel egy serpenyőt olajjal közepes lángon, add hozzá a húst és a fokhagymát, és pirítsd 5 percig.
2. Adjuk hozzá a rizst, a vizet és a többi hozzávalót, forraljuk fel és főzzük 30 percig közepes lángon.
3. Mindent szétosztunk a tányérok között, és tálaljuk.

Táplálás: kalória 330, zsír 13, rost 5,2, szénhidrát 13,4, fehérje 22,2

Sertés húsgombóc

Elkészítési idő: 10 perc
Főzési idő: 30 perc
Adagok: 4

Tartalom:

- 3 evőkanál mandulaliszt
- 2 evőkanál avokádó olaj
- 2 tojás, rántotta
- Fekete bors ízű
- 2 kiló sertéshús, darált
- 1 evőkanál koriander, apróra vágva
- 10 uncia konzerv paradicsomszósz, sózatlan

Utasítás:
1. A sertéshúst a liszttel és a szósz és az olaj kivételével a többi hozzávalóval összedolgozzuk egy tálban, jól összedolgozzuk, és ebből a keverékből közepes méretű pogácsákat formálunk.
2. Melegíts fel egy serpenyőt közepes lángon, add hozzá a húsgombócokat, és süsd 3 percig mindkét oldalát. Adjuk hozzá a szószt, óvatosan keverjük össze, forraljuk fel, és további 20 percig főzzük közepes lángon.
3. Mindent tálakba osztunk és tálaljuk.

Táplálás: kalória 332, zsír 18, rost 4, szénhidrát 14,3, fehérje 25

sertéshús és cikória

Elkészítési idő: 10 perc
Főzési idő: 35 perc
Adagok: 4

Tartalom:
- 1 kiló sertéspörkölt, kockára vágva
- 2 endívia vágva és apróra vágva
- 1 csésze alacsony nátriumtartalmú marhahúsleves
- 1 teáskanál paprika
- Egy csipet fekete bors
- 1 vöröshagyma, apróra vágva
- 1 evőkanál olívaolaj

Utasítás:
1. Melegíts fel egy serpenyőt olajjal közepes lángon, add hozzá a hagymát és a cikóriát, dobd fel és főzd 5 percig.
2. Adjuk hozzá a húst, keverjük össze és főzzük további 5 percig.
3. Adjuk hozzá a többi hozzávalót, forraljuk fel és főzzük további 25 percig közepes lángon.
4. Mindent szétosztunk a tányérok között, és tálaljuk.

Táplálás: kalória 330, zsír 12,6, rost 4,2, szénhidrát 10, fehérje 22

Sertéshús és metélőhagyma retek

Elkészítési idő: 10 perc
Főzési idő: 35 perc
Adagok: 4

Tartalom:
- 1 csésze retek, kockára vágva
- 1 kiló sertéspörkölt, kockára vágva
- 1 evőkanál olívaolaj
- 1 vöröshagyma, apróra vágva
- 1 csésze paradicsomkonzerv, sózatlan, összetörve
- 1 evőkanál metélőhagyma, apróra vágva
- 2 gerezd fokhagyma, felaprítva
- Fekete bors ízű
- 1 teáskanál balzsamecet

Utasítás:
1. Melegíts fel egy serpenyőt közepes lángon, add hozzá a hagymát és a fokhagymát, keverd össze és főzd 5 percig.
2. Hozzáadjuk a húst, és további 5 percig pirítjuk.
3. Adjuk hozzá a retket és a többi hozzávalót, forraljuk fel és főzzük további 25 percig közepes lángon.
4. Mindent tálakba osztunk és tálaljuk.

Táplálás: kalória 274, zsír 14, rost 3,5, szénhidrát 14,8, fehérje 24,1

Mentás húsgombóc és spenót párolt

Elkészítési idő: 10 perc
Főzési idő: 25 perc
Adagok: 4

Tartalom:
- 1 kiló sertéspörkölt, darálva
- 1 db sárgahagyma apróra vágva
- 1 tojás, felvert
- 1 evőkanál menta, apróra vágva
- Fekete bors ízű
- 2 gerezd fokhagyma, felaprítva
- 2 evőkanál olívaolaj
- 1 csésze koktélparadicsom félbevágva
- 1 csésze bébispenót
- ½ csésze alacsony nátriumtartalmú zöldségleves

Utasítás:
1. Egy tálban összedolgozzuk a húst a hagymával és a többi hozzávalóval, kivéve az olajat, a koktélparadicsomot és a spenótot, jól összekeverjük, és ebből a keverékből közepes méretű húsgombócokat formázunk.
2. Melegíts fel egy serpenyőt olívaolajjal közepes lángon, add hozzá a húsgombócokat, és süsd 5 percig mindkét oldalát.
3. Adjuk hozzá a spenótot, a paradicsomot és a húslevest, keverjük össze, pároljuk mindent 15 percig.
4. Mindent tálakba osztunk és tálaljuk.

Táplálás: kalória 320, zsír 13,4, rost 6, szénhidrát 15,8, fehérje 12

Fasírt és kókuszszósz

Elkészítési idő: 10 perc
Főzési idő: 20 perc
Adagok: 4

Tartalom:
- 2 kiló sertéshús, darált
- Fekete bors ízű
- ¾ csésze mandulaliszt
- 2 tojás, rántotta
- 1 evőkanál petrezselyem, apróra vágva
- 2 vöröshagyma, apróra vágva
- 2 evőkanál olívaolaj
- ½ csésze kókuszkrém
- Fekete bors ízű

Utasítás:
1. Egy tálban összekeverjük a sertéshúst a mandulaliszttel és a többi hozzávalóval, kivéve a hagymát, az olajat és a tejszínt, jól összekeverjük és ebből a keverékből közepes méretű pogácsákat formálunk.
2. Melegíts fel egy serpenyőt közepes lángon, add hozzá a hagymát, keverd össze és pirítsd 5 percig.
3. Hozzáadjuk a húsgombócokat, és további 5 percig főzzük.
4. Hozzáadjuk a kókuszkrémet, felforraljuk, még 10 percig főzzük az egészet, tálakba osztjuk és tálaljuk.

Táplálás: kalória 435, zsír 23, rost 14, szénhidrát 33,2, fehérje 12,65

Kurkuma sertéshús és lencse

Elkészítési idő: 10 perc
Főzési idő: 25 perc
Adagok: 4

Tartalom:
- 1 kiló sertéspörkölt, kockára vágva
- ½ csésze paradicsomszósz, sózatlan
- 1 db sárgahagyma apróra vágva
- 2 evőkanál olívaolaj
- 1 csésze lencsekonzerv, sózatlan, lecsepegtetve
- 1 teáskanál curry por
- 1 teáskanál kurkuma por
- Fekete bors ízű

Utasítás:
1. Melegíts fel egy serpenyőt olajjal közepes lángon, add hozzá a hagymát és a húst, és pirítsd 5 percig.
2. Hozzáadjuk a szószt és a többi hozzávalót, összekeverjük, közepes lángon 20 percig pároljuk, mindent tálakba osztunk és tálaljuk.

Táplálás: kalória 367, zsír 23, rost 6,9, szénhidrát 22,1, fehérje 22

Báránykeverés

Elkészítési idő: 10 perc
Főzési idő: 25 perc
Adagok: 4

Tartalom:

- 1 kiló bárány, darálva
- 1 evőkanál avokádó olaj
- 1 piros kaliforniai paprika csíkokra vágva
- 1 vöröshagyma, szeletelve
- 2 paradicsom, felkockázva
- 1 sárgarépa, kockára vágva
- 2 édesköményhagyma, szeletelve
- Fekete bors ízű
- 2 evőkanál balzsamecet
- 1 evőkanál koriander, apróra vágva

Utasítás:
1. Melegíts fel egy serpenyőt olajjal közepes lángon, add hozzá a hagymát és a húst, és pirítsd 5 percig.
2. Hozzáadjuk a kaliforniai paprikát és a többi hozzávalót, összekeverjük, további 20 percig főzzük közepes lángon, tálakba osztjuk és azonnal tálaljuk.

Táplálás: kalória 367, zsír 14,3, rost 4,3, szénhidrát 15,8, fehérje 16

Cékla sertéshús

Elkészítési idő: 10 perc
Főzési idő: 30 perc
Adagok: 4

Tartalom:
- 1 kiló sertéshús, kockára vágva
- 2 kis cékla, meghámozva és felkockázva
- 2 evőkanál olívaolaj
- 1 db sárgahagyma apróra vágva
- 2 gerezd fokhagyma, felaprítva
- Só és bors ízlés szerint
- ½ csésze kókuszkrém.

Utasítás:
1. Melegíts fel egy serpenyőt olajjal közepes lángon, add hozzá a hagymát és a fokhagymát, keverd össze és főzd 5 percig.
2. Hozzáadjuk a húst, és további 5 percig pirítjuk.
3. Adjuk hozzá a többi hozzávalót, forraljuk fel és főzzük 20 percig közepes lángon.
4. A keveréket tányérokra osztjuk és tálaljuk.

Táplálás: kalória 311, zsír 14,3, rost 4,5, szénhidrát 15,2, fehérje 17

Bárány és káposzta

Elkészítési idő: 10 perc
Főzési idő: 35 perc
Adagok: 4

Tartalom:
- 2 evőkanál avokádó olaj
- 1 kiló báránypörkölt, durván felkockázva
- 1 fej zöld káposzta apróra vágva
- 1 csésze paradicsomkonzerv, só nélkül, apróra vágva
- 1 db sárgahagyma apróra vágva
- 1 teáskanál kakukkfű, szárítva
- Fekete bors ízű
- 2 gerezd fokhagyma, felaprítva

1. **Utasítás:**
2. Melegíts fel egy serpenyőt olajjal közepes lángon, add hozzá a hagymát és a fokhagymát, és pirítsd 5 percig.
3. Hozzáadjuk a húst, és további 5 percig pirítjuk.
4. Adjuk hozzá a többi hozzávalót, keverjük össze, forraljuk fel és főzzük további 25 percig közepes lángon.
5. Mindent szétosztunk a tányérok között, és tálaljuk.

Táplálás: kalória 325, zsír 11, rost 6,1, szénhidrát 11,7, fehérje 16

Bárány kukoricával és okrával

Elkészítési idő: 10 perc
Főzési idő: 30 perc
Adagok: 4

Tartalom:
- 1 kiló báránypörkölt, durván felkockázva
- 1 db sárgahagyma apróra vágva
- 2 gerezd fokhagyma, felaprítva
- 2 evőkanál avokádó olaj
- 1 csésze okra, apróra vágva
- 1 csésze kukorica
- 1 csésze alacsony nátriumtartalmú zöldségleves
- 1 evőkanál petrezselyem, apróra vágva

Utasítás:
1. Melegíts fel egy serpenyőt olajjal közepes lángon, add hozzá a hagymát és a fokhagymát, keverd össze és pirítsd 5 percig.
2. Adjuk hozzá a húst, keverjük össze és főzzük további 5 percig.
3. Adjuk hozzá a többi hozzávalót, keverjük össze, forraljuk fel és főzzük 20 percig közepes lángon.
4. Mindent tálakba osztunk és tálaljuk.

Táplálás: kalória 314, zsír 12, rost 4,4, szénhidrát 13,3, fehérje 17

Mustáros tárkonyos sertéshús

Elkészítési idő: 10 perc
Főzési idő: 8 óra
Adagok: 4

Tartalom:
- 2 kiló sertéssült, szeletelve
- 2 evőkanál olívaolaj
- Fekete bors ízű
- 1 evőkanál tárkony, apróra vágva
- 2 medvehagyma, apróra vágva
- 1 csésze alacsony nátriumtartalmú zöldségleves
- 1 evőkanál kakukkfű, apróra vágva
- 1 evőkanál mustár

Utasítás:
1. Lassú tűzhelyen keverje össze a sült borssal és más hozzávalókkal, fedje le, és lassú tűzön párolja 8 órán át.
2. A sertéssültet tányérokra osztjuk, a mustáros szósszal meglocsoljuk, és tálaljuk.

Táplálás: kalória 305, zsír 14,5, rost 5,4, szénhidrát 15,7, fehérje 18

Sertés káposztával és kapribogyóval

Elkészítési idő: 10 perc
Főzési idő: 35 perc
Adagok: 4

Tartalom:

- 2 evőkanál olívaolaj
- 1 csésze alacsony nátriumtartalmú zöldségleves
- 2 evőkanál kapribogyó, lecsepegtetve
- 1 kiló sertésszelet
- 1 csésze babcsíra
- 1 sárga hagyma, karikákra vágva
- Fekete bors ízű

Utasítás:
1. Melegíts fel egy serpenyőt olajjal közepes lángon, add hozzá a hagymát és a húst, és pirítsd 5 percig.
2. Adjuk hozzá a többi hozzávalót, tegyük vissza a tepsit a sütőbe, és süssük 390 fokon 30 percig.
3. Mindent szétosztunk a tányérok között, és tálaljuk.

Táplálás: kalória 324, zsír 12,5, rost 6,5, szénhidrát 22,2, fehérje 15,6

Sertés kelbimbóval

Elkészítési idő: 10 perc
Főzési idő: 35 perc
Adagok: 4

Tartalom:
- 2 kiló sertéspörkölt, kockára vágva
- ¼ csésze alacsony nátriumtartalmú paradicsomszósz
- Fekete bors ízű
- ½ font kelbimbó, félbevágva
- 1 evőkanál olívaolaj
- 2 újhagyma, apróra vágva
- 1 evőkanál koriander, apróra vágva

Utasítás:
1. Egy serpenyőt olajjal felhevítünk közepesen erős lángon, hozzáadjuk a hagymát és a csírákat, és 5 percig pirítjuk.
2. Adjuk hozzá a húst és a többi hozzávalót, forraljuk fel és főzzük további 30 percig közepes lángon.
3. Mindent szétosztunk a tányérok között, és tálaljuk.

Táplálás: kalória 541, zsír 25,6, rost 2,6, szénhidrát 6,5, fehérje 68,7

Sertéshús és forró zöldbab keverék

Elkészítési idő: 10 perc
Főzési idő: 20 perc
Adagok: 4

Tartalom:
- 1 db sárgahagyma apróra vágva
- 2 kiló sertéshús, csíkokra vágva
- ½ font zöldbab, vágva és félbevágva
- 1 piros kaliforniai paprika, apróra vágva
- Fekete bors ízű
- 1 evőkanál olívaolaj
- ¼ csésze piros chili paprika, apróra vágva
- 1 csésze alacsony nátriumtartalmú zöldségleves

Utasítás:
1. Melegíts fel egy serpenyőt olajjal közepes lángon, add hozzá a hagymát és pirítsd 5 percig.
2. Hozzáadjuk a húst, és további 5 percig pirítjuk.
3. Hozzáadjuk a többi hozzávalót, összekeverjük, közepes lángon 10 percig főzzük, tányérokra osztjuk és tálaljuk.

Táplálás: kalória 347, zsír 24,8, rost 3,3, szénhidrát 18,1, fehérje 15,2

Bárány quinoával

Elkészítési idő: 10 perc
Főzési idő: 30 perc
Adagok: 4

Tartalom:
- 1 csésze quinoa
- 2 csésze alacsony nátriumtartalmú csirkehúsleves
- 1 evőkanál olívaolaj
- 1 csésze kókuszkrém
- 2 kiló báránypörkölt, kockára vágva
- 2 medvehagyma, apróra vágva
- 2 gerezd fokhagyma, felaprítva
- Fekete bors ízű
- Egy csipetnyi pirospaprika pehely, összetörve

Utasítás:
1. Melegíts fel egy serpenyőt olajjal közepes lángon, add hozzá a medvehagymát és a fokhagymát, keverd össze és pirítsd 5 percig.
2. Hozzáadjuk a húst, és további 5 percig pirítjuk.
3. Adjuk hozzá a többi hozzávalót, keverjük össze, forraljuk fel, mérsékeljük a lángot közepesre és pároljuk 20 percig.
4. Oszd szét a keverőedényeket és tálald.

Táplálás: kalória 755, zsír 37, rost 4,4, szénhidrát 32, fehérje 71,8

Rántott bárány és Bok Choy

Elkészítési idő: 10 perc
Főzési idő: 30 perc
Adagok: 4

Tartalom:

- 1 csésze alacsony nátriumtartalmú csirkehúsleves
- 1 csésze bok choy, szakadt
- 1 kiló báránypörkölt, durván felkockázva
- 2 evőkanál avokádó olaj
- 1 db sárgahagyma apróra vágva
- 1 sárgarépa, apróra vágva
- Fekete bors ízű

Utasítás:

1. Melegítsük fel az olajat egy serpenyőben közepes lángon, adjuk hozzá a hagymát és a sárgarépát, és pirítsuk 5 percig.
2. Hozzáadjuk a húst, és további 5 percig pirítjuk.
3. Adjuk hozzá a többi hozzávalót, forraljuk fel és főzzük 20 percig közepes lángon.
4. Mindent szétosztunk a tányérok között, és tálaljuk.

Táplálás: kalória 360, zsír 14,5, rost 5, szénhidrát 22,4, fehérje 16

Sertés okrával és olajbogyóval

Elkészítési idő: 10 perc
Főzési idő: 35 perc
Adagok: 4

Tartalom:

- ½ csésze alacsony nátriumtartalmú zöldségleves
- 1 csésze okra, apróra vágva
- 1 csésze fekete olajbogyó, kimagozva és félbe vágva
- 2 evőkanál olívaolaj
- 4 sertésszelet
- 1 vöröshagyma, karikákra vágva
- Fekete bors ízű
- ½ evőkanál pirospaprika pehely
- 3 evőkanál kókusz aminosav

Utasítás:
1. Egy serpenyőt kenjünk ki olajjal, és helyezzük bele a borjúszeleteket.
2. Adja hozzá a többi hozzávalót, óvatosan keverje össze, és süsse 390 F-on 35 percig.
3. Mindent szétosztunk a tányérok között, és tálaljuk.

Táplálás: kalória 310, zsír 14,6, rost 6, szénhidrát 20,4, fehérje 16

Sertés és kapribogyó

Elkészítési idő: 10 perc
Főzési idő: 35 perc
Adagok: 4

Tartalom:

- 1 csésze árpa
- 2 csésze alacsony nátriumtartalmú csirkehúsleves
- 1 kiló sertéspörkölt, kockára vágva
- 1 vöröshagyma, szeletelve
- 1 evőkanál olívaolaj
- Fekete bors ízű
- 1 teáskanál görögszéna por
- 1 evőkanál metélőhagyma, apróra vágva
- 1 evőkanál kapribogyó, lecsepegtetve

Utasítás:
1. Melegíts fel egy serpenyőt olajjal közepes lángon, add hozzá a hagymát és a húst, és pirítsd 5 percig.
2. Adjuk hozzá az árpát és a többi hozzávalót, keverjük össze, pároljuk 30 percig közepes lángon.
3. Mindent tálakba osztunk és tálaljuk.

Táplálás: kalória 447, zsír 15,6, rost 8,6, szénhidrát 36,5, fehérje 39,8

Sertés- és zöldhagyma keverék

Elkészítési idő: 10 perc
Főzési idő: 40 perc
Adagok: 5

Tartalom:
- 1 kiló sertéshús, kockára vágva
- 1 evőkanál avokádó olaj
- 1 db sárgahagyma apróra vágva
- 1 csokor zöldhagyma apróra vágva
- 4 gerezd fokhagyma, felaprítva
- 1 csésze alacsony nátriumtartalmú paradicsomszósz
- Fekete bors ízű

Utasítás:
1. Melegíts fel egy serpenyőt olajjal közepes lángon, add hozzá a hagymát és a zöldhagymát, keverd össze és főzd 5 percig.
2. Adjuk hozzá a húst, keverjük össze és főzzük további 5 percig.
3. Adjuk hozzá a többi hozzávalót, keverjük össze és főzzük további 30 percig közepes lángon.
4. Mindent tálakba osztunk és tálaljuk.

Táplálás: kalória 206, zsír 8,6, rost 1,8, szénhidrát 7,2, fehérje 23,4

Szerecsendió sertéshús és fekete bab

Elkészítési idő: 5 perc
Főzési idő: 40 perc
Adagok: 8

Tartalom:
- 2 evőkanál olívaolaj
- 1 csésze konzerv feketebab, sózatlan, lecsepegtetve
- 1 db sárgahagyma apróra vágva
- 1 csésze paradicsomkonzerv, só nélkül, apróra vágva
- 2 kiló sertéspörkölt, kockára vágva
- 2 gerezd fokhagyma, felaprítva
- Fekete bors ízű
- ½ teáskanál szerecsendió, őrölt

Utasítás:
1. Melegíts fel egy serpenyőt olajjal közepes lángon, add hozzá a hagymát és a fokhagymát, és pirítsd 5 percig.
2. Adjuk hozzá a húst, keverjük össze és főzzük további 5 percig.
3. Adjuk hozzá a többi hozzávalót, keverjük össze, forraljuk fel és főzzük 30 percig közepes lángon.
4. A keveréket tálakba osztjuk és tálaljuk.

Táplálás: kalória 365, zsír 14,9, rost 4,3, szénhidrát 17,6, fehérje 38,8

Lazac és őszibarack saláta

Elkészítési idő: 10 perc
Főzési idő: 0 perc
Adagok: 4

Tartalom:
- 2 füstölt lazac filé, csont nélkül, bőr nélkül és kockára vágva
- 2 őszibarack kimagozva és felkockázva
- 1 teáskanál olívaolaj
- Egy csipet fekete bors
- 2 csésze bébispenót
- ½ evőkanál balzsamecet
- 1 evőkanál citromlé
- 1 evőkanál koriander, apróra vágva

Utasítás:
1. A lazacot az őszibarackkal és a többi hozzávalóval összekeverjük egy salátástálban, és hidegen tálaljuk.

Táplálás: kalória 133, zsír 7,1, rost 1,5, szénhidrát 8,2, fehérje 1,7

www.ingramcontent.com/pod-product-compliance
Lightning Source LLC
Chambersburg PA
CBHW070407120526
44590CB00014B/1291